FACULTÉ DE DROIT DE TOULOUSE

DE LA PROPRIÉTÉ

DES

LETTRES MISSIVES

ET

DE LEUR UTILITÉ AU POINT DE VUE JURIDIQUE

THÈSE POUR LE DOCTORAT

SOUTENUE

Par M. G. ABADIE

TOULOUSE

IMPRIMERIE MODERNE J. FOURNIER & Cie

8, Rue Dutemps, 8

1882

MEIS

FACULTÉ DE DROIT DE TOULOUSE

MM. Bonfils ✳, Doyen, Professeur de Procédure Civile.

Dufour ✳, Doyen honoraire, Professeur de Droit Commercial.

Molinier O. ✳, Professeur de Droit Criminel.

Bressolles (G.) ✳, Professeur de Droit Civil.

Massol ✳, Professeur de Droit Romain.

Ginoulhiac, Professeur de Droit Français, étudié dans ses origines féodales et coutumières.

Huc, Professeur de Droit Civil.

Poubelle ✳, Professeur de Droit Civil, en congé.

Rozy, Professeur de Droit Administratif.

Arnault, Professeur d'Economie politique.

Deloume, Professeur de Droit Romain.

Humbert O. ✳, Sénateur, Professeur honoraire.

Paget, Agrégé, chargé du cours d'Histoire générale de Droit.

Campistron, Agrégé, suppléant de M. Poubelle.

Bressolles (Joseph), Agrégé, chargé du cours de Pandectes.

Vidal, Agrégé, chargé d'un cours de Droit Criminel.

Wallon, Agrégé, chargé du cours de Droit international privé.

M. Moussu, Secrétaire Agent Comptable.

Président de la Thèse, M. Molinier.

Suffragants
MM. Dufour.
Deloume.
Campistron.
Joseph Bressolles.

La Faculté n'entend ni approuver ni désapprouver les opinions particulières du candidat.

BIBLIOGRAPHIE

ROUSSEAU.	De la correspondance par lettres missives.
VANIER.	Revue pratique. Année 1866, t. XXI, p. 80.
HEPP.	De la correspondance privée, postale ou télégraphique dans ses rapports avec le Droit civil et commercial.
SERAFINI.	De la télégraphie.
Albert KOEPPEN.	*Der obligatorische vertag unterabvesenden fine uvilische absandlung.* Iéna, 1871.
De VRIÈS.	*De commercio epistolarum ex juris principiis æstimato.* Amsterdam, 1841.
WURTH.	Les lettres missives et les télégrammes.
BEYMA.	*De vergœding van schande anstaande uit het niet rigtig averkemen van telegramm.*
SCHÖPFER.	*De litterarum acceptatione.*
A. De BRYE.	*Over aveerkansten gesleten door mideel van brieren, boden, openbare aankendigingen of telegrammen.*
WILLEUMIER.	*Het telgraafrecht.*
KELDERMANN.	*De jure circà epistolas.*
VELDEN.	*Over het geheim der brieren.*
PRETZSCHNER.	*De litteris amatoriis.*
ASSER.	*De telegraphie in hare rechts gevolgen.*
A. CHENEVRIÈRE.	De la correspondance télégraphique envisagée dans ses rapports avec le Droit civil et commercial.
ERASMUS.	*Opus de conscribendis epistolis.*
Noberto SANTAREN.	De l'injure par correspondance.
LÜBBECKE.	*De regali postarum jure.*
WALDROGEL.	*De jure principis eminenti circà postas.*
SEDLNITZKY.	*De cursu publico seu de jure postarum.*
CREMER.	*De cursu publico.*
POUILLET.	Traité théorique et pratique de la propriété littéraire et artistique, chap. X de la 1re partie.

Derouet.   Du secret des lettres confiées à la poste. *Revue pratique* 1868, t. xxvi, p. 133 et p. 408, — t. xxvii (1869), p. 541 et p. 573, — t. xxviii (1869), p. 469.

Aubry et Rau.   Des lettres missives, 4e édition, t. viii § 760 *ter ;* p. 289.

Laurent.   xiii, 180, — xv, 475 et 477, — xix, 224 et 488, xxv, 88, 328, 453.

Demolombe.   xxix, 663 et 664, — xxiv, 44 à 75.

Roger-Teullé.   De la propriété des lettres missives. Discours prononcé à la rentrée solennelle des conférences des avocats stagiaires de Toulouse, le 14 décembre 1879.

Dalloz.   Répertoire. Au mot : *lettres missives.*

Merlin.   Répertoire. Au mot : *lettres missives.*

TABLE DES MATIÈRES

DROIT ROMAIN

PREMIÈRE PARTIE

De la Correspondance à Rome et des droits des personnes juridiques sur les lettres missives.

DEUXIÈME PARTIE

De leur utilité au civil et au criminel.

PRÉFACE

« Tout est dit : et l'on vient trop tard depuis plus de
« sept mille ans qu'il y a des hommes et qui pensent (1). »

Si cette pensée est vraie pour les ouvrages de l'esprit, elle ne peut s'appliquer à la science du droit.
Tous les jours des besoins nouveaux se font ressentir
et réclament une sanction législative ; des lacunes appa-
raissent ; des difficultés surgissent devant les tribunaux
et mettent le juge, obligé de les résoudre, dans la nécessité de changer son rôle et de devenir législateur.

Sur le sujet qui fait l'objet de ce travail, silence absolu de la loi ; on laisse au caprice, au tempérament,
à la merci du juge, le soin de régler cette matière et de
poser les principes.

Ce mutisme de sa part est regrettable, sutout fâcheux,
vu le nombre, les conséquences pratiques et la gravité
de ces questions.

(1) La Bruyère. *Caractères*, chap. Ier.

La lettre est, en effet, le moyen le plus sûr pour découvrir l'intention passée de son auteur, sa volonté au moment où sa plume traçait les signes qui l'ont conservée. C'est dans ces documents si précieux pour entraîner la religion du juge, qu'en cas de dénégations on ira puiser pour faire éclater la vraie lumière. Miroir fidèle de la pensée, écrite sans songer à l'avenir, la lettre reflète l'expression de notre for intérieur, au moment où on l'écrivait, la montre à nu, la traduit de la manière la plus heureuse et la plus simple; et, lorsqu'après plusieurs années ou plusieurs jours, on la produit, on peut dire avec raison qu'elle est l'écho de notre conscience intime passée : elle exprime par l'écriture ce que nous aurions exprimé par la parole. Son avantage, on le saisit dès lors sur-le-champ, c'est de conserver des pensées qui, traduites par la parole, n'auraient laissé aucune trace. *Scripta manent, verba volant.*

Aussi les Romains et les vieux juristes regardaient-ils la lettre comme un *tacitus nuncius* ; un ancien littérateur disait-il que la plupart d'entre elles sont des conversations par écrit (1), et de nos jours Cormenin les appelait-il des commérages (2). Accord donc sur le rôle de la missive : seules, les expresssions et la forme varient avec les temps, les écrivains et leur caractère.

On a si bien compris leur valeur, les avantages qu'elles pouvaient offrir, qu'aujourd'hui on les conserve

(1) Préface des Elzeviers aux *Recueils des lettres* de De Balzac.
(2) Cormenin. *Revue de législation,* 1851, p. 105.

avec un soin extrême et qu'il n'est pas de litige où l'on n'en fasse usage. Quel usage? Question sur laquelle j'ai donné de longs développements et une large part dans ce travail.

Les plaideurs ne sont pas les seuls qui aient intérêt à conserver ces écrits et à les avoir en leur possession. Il y a encore les littérateurs et les historiens. Ils les regardent comme les sources les plus fécondes en rensenseignements; ils y puisent leurs matériaux, leurs appréciations, leurs œuvres. Faut-il des exemples à l'appui de ces allégations? J'irai les puiser aux sources les plus autorisées.

« On a dans ces lettres, disait Sainte-Beuve en parlant « du grand réformateur de La Trappe, Rancé tout pur, « parlant en personne, simplement, gravement (1). »

La biographie de Rancé se trouve donc dans sa correspondance.

Autre part, voulez-vous connaître, disait le même auteur, le caractère de Benjamin Constant, « je vais citer quelques-unes des premières lettres, où le caractère éclate tel qu'il sera toute la vie (2). » C'est en effet dans ces écrits qu'on retrouve l'auteur « tout pur. »

Pourriez-vous apprécier la fermeté et la droiture du caractère de Fénelon, sans la publication de la lettre qu'il adressa au Roy Soleil, et dont nous devons la découverte à l'intelligent éditeur M. Renouard (3) ?

(1) Sainte-Beuve. *Portraits*. Rancé.
(2) Sainte-Beuve. *Benjamin Constant à madame Charrière*.
(3) Renouard. *Lettre de Fénelon à Louis XIV*.

iv

Ne faut-il pas aller glaner dans la *Correspondance de Madame Rolland à Bancal* pour la suivre « durant une partie de sa vie (1)? »

Où pourrons-nous trouver le vrai caractère des relations qui ont existé entre l'auteur de la *Petite Fadette* (2) et celui de *Rolla* (3), si ce n'est dans la correspondance qu'ils ont échangée ?

C'est aussi par la publication des lettres de Benjamin Constant « *à sa belle et jolie maîtresse* (4), » qu'on a pu faire taire la calomnie et rétablir la vérité.

Inutile d'ajouter d'autres exemples pour démontrer tout le prix qu'à ce dernier point de vue on doit attacher à une correspondance, aussi les droits qu'elle fait naître ont-ils été l'objet des discussions les plus vives. Le destinataire, ses héritiers, ses ayants-cause, l'auteur, les tiers, la société, tous émettent de nombreuses prétentions et s'attribuent des pouvoirs qu'un seul peut exercer.

Comment dès lors régler tous ces intérêts en conflit? La jurisprudence a accompli cette tâche, mais en empiétant sur les attributions des légistes.

Cet état de choses a entraîné l'instabilité dans les principes, aussi ne saurait-on trop vivement réclamer une réforme sur ce point.

Il y a bien sur ces questions, dans notre législa-

(1) Sainte-Beuve. *Portraits de femme.* Mme Rolland.
(2) George Sand.
(3) Alfred de Musset.
(4) Cormenin. *Loco citato.*

tion (1) et dans les législations étrangères (2), quelques dispositions éparses, çà et là, mais au lieu d'aplanir le terrain, elles apportent des entraves qui rendent ses aspérités plus difficiles à franchir.

On a promulgué une loi sur la propriété littéraire, on a réglé les rapports de la société et des auteurs, ceux des tiers; on a établi une distinction réclamée depuis de longs siècles entre les droits sur la chose corporelle et ceux de la pensée; pourquoi cette réforme ne s'est-elle pas étendue aux lettres ?

En 1826 et en 1841, lors du dépôt des projets de loi en ces matières, on s'est aperçu de cette lacune dans notre législation et on a songé, vu l'ordre des idées dans lequel on était rentré, à la combler; mais, pour des raisons inconnues et malheureuses, rien n'a été fait : nous sommes encore dans l'ancien état de choses.

S'il est un désir à exprimer, c'est de voir le plus tôt possible la promulgation d'une loi qui établisse des règles et des principes en cette matière et permette de s'abriter derrière la loi, pour ne point succomber sous les coups des plaideurs téméraires.

Que notre nation soit la première à accomplir cette réforme si désirée et si urgente; souhait d'autant plus vif que « c'est aux progrès de l'œuvre législative que « l'on peut apprécier la marche transcendante d'un « grand peuple. »

(1) Article 109 du Code de commerce. Code pénal. *Passim.*
(2) Articles **319** et suivants du Code de commerce allemand. — Art **1403** et suiv. du Code de Mexico, etc.

DROIT ROMAIN

PREMIÈRE PARTIE

De la correspondance à Rome et des droits auxquels elle pouvait donner naissance.

CHAPITRE PREMIER

De la correspondance à Rome.

Il suffit de connaître les mœurs et les institutions de ce peuple, dont la place est si grande dans l'histoire du monde, pour saisir l'importance du rôle qu'a dû y jouer la correspondance.

Grâce à cet auxiliaire indispensable aux relations

commerciales (1), on contractait avec les absents, on fixait les termes des conventions et leurs clauses ; on portait à distance la volonté des parties, de l'accord desquelles devait plus tard prendre naissance le lien juridique. Sans son secours, d'ailleurs, l'exportation et l'importation, ces deux pôles du commerce n'auraient jamais pu être unis et auraient été impossibles.

On me dira peut-être que ces réflexions, vraies pour notre époque, perdaient à Rome une grande part de leur valeur ; que les *nuncii* remplaçaient les lettres ; que toutefois, faute d'un service spécial pour leur envoi, le départ d'un exprès pour le lieu de destination était nécessaire.

La réfutation de ces objections est facile. S'il avait fallu, pour chaque affaire, l'envoi d'un *nuncius*, le commerce avec l'étranger aurait été impossible. Supposons un commerçant romain entré en relation d'affaires avec un de ses confrères d'Athènes (2), de la Cilicie (3) ou de la Grande-Bretagne (4) ; aurait-il pu, avec ce seul mode de communication entre absents, conclure de nombreuses conventions ? La longueur des voyages ne l'aurait-elle pas mis dans l'obligation d'entretenir une véritable armée de *nuncii* ?

Il est vrai qu'un service spécial chargé d'apporter

(1) Pline. *Hist. nat.*, VI, n° 6.

(2) Pour aller de Rome à Athènes, il fallait quarante-six jours. Cicero. *Ep. fam.*, XVI, 21.

(3) Pour aller de Rome en Cilicie, il fallait quarante-six jours. Cicero. *Ad Att.*, V, 9.

(4) Pour aller de Rome à la Grande-Bretagne, il fallait trois mois. Cicero. *Ad Quint.*, III, 1.

les dépêches n'existait pas, mais on avait remédié à l'absence de cette institution, et on remplaçait ces services en confiant les lettres aux amis qui se dirigeaient vers le lieu de destination (1), aux voyageurs (2), aux tabellaires des gouverneurs (3) ou à ceux des fermiers publics (4) ; on profitait de toutes les occasions qui se présentaient (5).

Nier ces faits, ce serait méconnaître l'importance du commerce chez les Romains (6), déclarer mensongères les œuvres littéraires qui en parlent, ou contester leur authenticité. Les lettres de Cicéron seraient les produits de son imagination et non le tableau des mœurs et coutumes de son époque ; les lettres de Pline un tissu d'erreurs et de mensonges ; suppositions qui, par leur inadmissibilité, dispensent de toute démonstration.

A ce premier point de vue, donc, l'importance de la correspondance à Rome est indéniable. En se plaçant sous un autre aspect, nous serons amenés à conclure qu'elle était nécessaire.

Le Romain ne pouvait vivre en dehors de la politique. S'il faut en croire les littérateurs et poètes qui nous ont tracé le tableau de sa vie, elle se passait tout entière au *Forum*. Les affaires de l'Etat sont les siennes : là, il apprend les actes du gouvernement à l'intérieur, sa

(1) Cicero. *Ad Att.*, I, 16. — *Fam.*, II, 6. — *Ad Quint.*, II, 14 et III, 8.
(2) Id. *Ibid.*, I, 3 — VII, 9. — *Ad Quint.*, III, 1.
(3) Id. *Fam.*, III, 3 — XV, 17.
(4) Id. *Ad Att.*, V, 15 et 16 — VIII, 7.
(5) Id. *Ibid.*, VII, 9 — XVI, 2.
(6) Pline. *Hist. nat.*, VI, n° 6.

conduite à l'extérieur et avec les peuples annexés, les mesures qu'il prend contre les Barbares. Il discute, blâme, approuve, porte intérêt à tout, sait tout, veut pénétrer tous les secrets. Les rouages de l'Etat et de ses administrations lui sont connus comme sa fortune personnelle, ses discussions n'ont pas d'autre sujet ; elles le préoccupent, l'ennuient, le satisfont. Tout ce qui touchait à la République l'intéressait ; jamais d'indifférence pour « les choses » du *Forum* : il aimait la vie publique et les affaires de l'Etat comme les siennes propres.

Pouvait-il donc, lorsqu'il quittait Rome pour aller gouverner une province ou assister, pendant l'été, aux travaux de l'agriculture, oublier l'objet de tous ses désirs? S'il n'avait eu le secours de la correspondance, comment aurait-il été mis au courant des affaires publiques ; quel écho aurait pu lui répéter les paroles qui y étaient prononcées ?

Avant comme après Jules César, fondateur d'une gazette appelée *Acta Diurna*, il fallait demander à des amis sûrs le service d'écrire souvent pour faire connaître les événements, les discussions et l'état des affaires (1). L'apparition des *Acta* ne vint pas en effet combler la lacune qui existait dans les institutions de cette nation.

Faits pour le peuple avide de nouvelles, instrument politique entre les mains du prince, les *Acta* contenaient bien les faits et gestes de l'Empereur, les bruits

(1) Cicero, *Fam.*, VI, 18.

du Palais, l'éloge des amis du trône ou des dictateurs, les naissances, les divorces, les décès, les documents judiciaires, tout ce que nous appelons de nos jours la la chronique locale (1), mais les renseignements utiles à la politique, pour éclairer sur les abus du gouvernement, sur ses actes, soit à l'intérieur soit à l'extérieur (2), faisaient défaut.

Aussi, avant comme après Jules César, le Romain absent de Rome, désireux de connaître les affaires publiques et du *Forum*, de dévoiler tout ce qu'on voulait lui cacher, s'adressait-il à des amis, qui avaient le soin de lui donner tous les renseignements utiles. Cicéron gouverneur réclamait ce service de ses amis (3), usage qui s'était encore conservé sous Trajan, ainsi que l'attestent les œuvres de Pline (4).

On attachait d'ailleurs le plus grand prix à ces lettres; aussi arrivait-il souvent qu'on interceptait les dépêches (5) et qu'on plaçait des hommes en embuscade pour arrêter les *nuncii* (6).

Arrivées au lieu de destination, le Romain, après les avoir lues, les faisait recopier et les transmettait aux amis de la région qui, à leur tour, prenaient connaissance de leur contenu.

---

(1) Pline. *Ep.*, VII, 53 et 186. — Suétone. *Tib.*, 5, — *Cl.*, 41, — *Calig.*, 8. — Tacite. *Ann.*, XIII, 3 et 31 — V, 4 — III, 3. — Pétrone. *Sat.*, 53. — Cicero. *Fam.*, II, 15 — VIII, 2.
(2) Tacite. *Ann.*, V, 4.
(3) Cicero. *Fam.*, VI, 18 — VII, 32 — VIII, 1 — XV, 20.
(4) Pline. *Lettre* 15, IX.
(5) Cicero. *Ad Quint.*, III, 9.
(6) Id. *Ad Att.*, VII, 9.

Ces copies, comme l'original, étaient plus tard conservées avec un soin extrême : on en faisait des recueils (1) qui étaient livrés à la publicité et lus avec avidité (2). Témoins vivants de l'époque où elles étaient écrites, elles rappelaient les faits de ce temps avec une exactitude que seule peut reproduire l'impression du moment. Ni l'imagination, ni les besoins et nécessités de l'historien ne se rencontrent dans ces documents : la vérité apparaît tout entière et se montre dans tout son éclat. C'est aussi en puisant à ces sources qu'on a pu de nos jours faire écrire avec une grande vraisemblance un Romain du siècle d'Auguste (3).

Ces explications suffisent pour démontrer toute l'importance de la correspondance à Rome. Aussi, en présence de ce rôle quotidien qu'elle remplissait, peut-on affirmer sans témérité que des difficultés nombreuses ont dû s'élever à ce sujet. Le nierait-on, je citerais les nombreux textes qui traitent des questions de cette nature et vident les différends qui s'élèvent entre parties.

Ces documents semblent tout d'abord rendre cette étude facile; il n'en est rien pourtant. Aucun titre ne les a rassemblés, ce qui nécessite de longues et minutieuses recherches au milieu de ce labyrinthe de décisions, qui composent les lois romaines. Est-ce là la cause de la lacune, que l'on retrouve chez tous les inter-

(1) Cicero. *Fam.*, IV, 4 — X, 31. — *Ad Att.*, IX, 11 — XII, 37 et 44 — XV, 14, 28 et 20 — XVI, 11, 12, 16.
(2) Id. *Ad Att.*, XVI, 5. — Pline, I, 1.
(3) Dezobres. *Rome au siècle d'Auguste.*

prètes ? Je ne le sais et ne veux en rechercher les motifs. Pourtant, la suite de cette étude montrera que la
tâche que j'ai entreprise méritait d'attirer l'attention de
ceux qui ont voulu reconstituer l'ancienne législation
romaine.

CHAPITRE II

Droits conférés au propriétaire de la lettre.

SECTION PREMIÈRE

Quel était le propriétaire de la lettre ?

En Droit romain, la propriété de la lettre appartenait
au destinaire. En la transmettant à ce dernier, l'auteur
se dépouillait de tous les droits qu'il avait sur elle.

Ce principe, admis sans discussion par les jurisconsultes romains (1), soulevait dans son application des
difficultés assez grandes. La longueur des voyages (2) à
cette époque laissait souvent s'écouler plusieurs jours
entre le départ de la lettre et son arrivée au lieu de destination ; sur quelle tête reposait, pendant ce laps de
temps, le droit de propriété ? Cette question faisait l'objet de deux textes que je viens de citer. OEuvre des

(1) L. 65, *Pr.*, D., 41, 1. — L. 47, 17. D., 47, 2.
(2) Cicero. *Fam.*, XVI, 21. — *Ad Quint.*, III, 1. — *Ad Att.*, V, 19.

jurisconsultes Labéon et Ulpien, ils prévoyaient les trois hypothèses possibles en pratique : le cas où la lettre restait dans les mains de l'expéditeur, celui où elle passait entre celles du *nuncius*, du porteur de la lettre ; et enfin celui où le destinataire l'avait reçue.

§ 1er. — L'expéditeur avait la lettre en sa possession.

Dans cette hypothèse, l'expéditeur possesseur et auteur de la lettre en était le seul et unique propriétaire ; il avait sur elle les droits les plus étendus : il pouvait la vendre, la déchirer, la transmettre, fixer le jour du départ, en régler l'usage ; il possédait l'action de vol contre celui qui l'avait soustraite, l'action en dommages si cette soustraction avait pu lui causer quelque préjudice.

Cette règle recevait cependant exception. Si l'on avait écrit par exemple une lettre sur du *papyrus* ou une *tabula* appartenant à un tiers, elle n'était pas la propriété de l'auteur, mais bien celle du propriétaire du *papyrus*. « Si Titius, lit-on dans les *Institutes*, a écrit des vers, une histoire ou un discours sur tes chartres ou membranes, elles appartiendront, non pas à Titius, mais bien à toi (1). » Solution contraire à tous nos principes modernes qui regardent, dans l'espèce, le papier comme l'accessoire de la chose. Les Romains n'avaient pas, en effet, aperçu que dans tout écrit se trouvaient

____

(1) *Inst.*, 33, II, 1.

deux choses pouvant faire l'objet d'un droit de propriété :
d'une part les signes matériels de notre pensée ; d'autre
part la pensée elle-même. Ils n'avaient pas compris
l'importance de cette dernière et avaient préféré le propriétaire du *papyrus* ou de la *tabula* à l'auteur de l'é-
crit. Ils s'étaient trompés, et cette erreur est d'autant
plus extraordinaire que, dans le paragraphe suivant (1),
et dans une espèce analogue, les auteurs de cet ouvrage
donnaient une solution opposée. Ce qu'ils n'avaient pas
su voir pour le cas dont je m'occupe, ils l'avaient prévu
pour celui où un peintre avait fait un tableau sur une
tabula appartenant à un tiers. « La peinture devait alors
l'emporter sur la *tabula*, car il serait ridicule de préfé-
rer la *tabula* à la peinture d'un *Appeles* ou d'un *Par-
rhasius*. »

Telle aurait dû être la règle générale et celle de l'autre espèce. Pourquoi n'en a-t-il pas été ainsi ? On ne
peut répondre. La distinction entre les droits corporels
et incorporels leur avait échappé, et la différence de
ces deux solutions tenait sans doute à la nature même
de la chose qui, dans le dernier exemple, suffisait pour
montrer ce qu'aurait eu d'illogique et de peu naturel
une solution semblable à la première.

Sauf donc cette exception, l'expéditeur ou, pour
être plus correct, l'auteur restait le propriétaire de la
lettre, tant qu'il l'avait en sa possession.

(1) *Inst.*, 34, II, 1.

§ 2. — La lettre se trouvait entre les mains de la personne chargée de la
remettre au destinataire.

Si l'expéditeur avait transmis la lettre, qui devenait
propriétaire pendant le trajet nécessaire pour aller du
lieu de départ au lieu de destination ? « Si je vous ai
écrit une lettre, dit Labéon, elle ne vous appartiendra
que lorsque vous l'aurez reçue (1). » Durant le parcours,
il avait sur elle, d'après ce jurisconsulte, tous les droits
d'un propriétaire, solution confirmée par Cicéron, qui
nous apprend qu'il arrivait souvent qu'après avoir remis une lettre à un courrier, on le faisait rentrer pour
en modifier le contenu ou la reprendre (2).

La lecture complète du texte précédent semblerait
pourtant indiquer une controverse sur ce point. Labéon,
en effet, après avoir déclaré que la lettre n'appartenait
au destinataire qu'au moment de la réception, ajoute :
« Paul a dit le contraire. » Cette contradiction n'est
qu'apparente. Labéon et Paul sont d'accord, et la
différence des solutions tient seulement à la différence des hypothèses. Le premier faisait l'application
de la règle déjà donnée en supposant le *nuncius* envoyé
le mandataire ou un esclave de l'expéditeur ; le second
se plaçait au contraire dans l'hypothèse où le *nuncius*
était le mandataire du destinataire.

(1) L. 65, *Pr.*, D. 41-1.
(2) Cicero. *Ep. Ad Att.*, VIII, 5.

Dans le premier cas, l'auteur était présumé ne s'être dessaisi de la lettre qu'au moment de sa remise au destinataire ; dans le second, au contraire, au moment où le messager l'avait reçue.

Que le *nuncius* ait été un esclave ou un *procurator*, la solution ne changeait pas, puisqu'on pouvait acquérir aussi bien par l'intermédiaire d'une personne libre que par celui d'un esclave.

Donc, pendant le trajet, la lettre restait la propriété de son auteur, qu'elle fût transmise par l'intermédiaire d'un de ses esclaves ou d'un *procurator* ; elle devenait celle du destinataire, si la personne chargée de la lui remettre était un de ses mandataires. Dans ce dernier cas, le mandataire du destinataire le représentait et, par la remise qui lui était faite, l'objet devenait la propriété du mandant.

§ 3. — Le destinataire était en possession de la lettre.

Paul, Labéon et Ulpien avaient prévu cette troisième hypothèse : le destinataire, devenu propriétaire de la lettre par la remise qui lui avait été faite, pouvait user de tous les droits possibles. Quels sont ces droits ? Autre difficulté que je vais examiner dans la section suivante.

SECTION DEUXIÈME

Des droits dont peut user le propriétaire ou possesseur de la lettre.

L'application des principes généraux m'autorise à faire le raisonnement suivant : le propriétaire d'une lettre, comme propriétaire d'un objet mobilier, jouit de tous les droits constitutifs de la propriété : *jus utendi, fruendi, abutendi.* Y a-t-il des exceptions en cette matière ?

Aucun texte, à ma connaissance du moins, n'a limité les pouvoirs du propriétaire de la lettre ; aucun commentateur ni interprète ne les a mentionnés.

Pourtant, si l'on veut étudier ce point d'une manière approfondie, il convient, à mon avis, de changer de méthode, de supposer connus les principes qui, en Droit français, viennent modifier les règles de droit commun et de rechercher si on ne pourrait pas puiser leur origine dans la législation romaine.

Ces principes sont au nombre de deux : 1° celui que l'on désigne sous le nom de principe de l'inviolabilité du secret des lettres ; 2° celui, ou pour mieux dire ceux qui constituent le droit de propriété littéraire.

§ 1er. — De l'inviolabilité du secret des lettres.

Le principe de l'inviolabilité du secret des lettres était inconnu à Rome. Quelques esprits, poussés par un sentiment d'humanité digne de tous éloges, ont bien déploré la latitude laissée par le législateur romain sur ce point; mais en droit nulle restriction n'existait : la violation du secret des lettres restait impunie. « *Et* « *etiam litteras,* dit Cicéron, *quas me scripsisse dice-* « *ret, revelavit, in senatu homo humanitatis expers* : « *quid est hoc enim, quam tollerc in vita vitæ socie-* « *tatem quam multa joca solent esse in epistolis, quæ* « *prolata si sint, inepta esse videantur, quam multa* « *serio, neque tamen ullo modo divulganda* (1). » Il s'indigne, comme on le lit, du procédé, mais il ne demande point sa répression. Dans d'autres passages de ses œuvres, plaintes nouvelles. « On est obligé, dit-il à Atticus, de se passer de parler des affaires publiques, le secret des lettres n'étant pas conservé et la liberté de tout dire ayant disparu (2). » Il se plaint des entraves apportées à l'envoi de la correspondance (3), des attaques incessantes dont les messagers sont victimes(4), mais nulle part il ne demande l'application des lois. C'est donc qu'il n'y avait point de loi qui punît les au-

(1) Cicero. 2me *Phillip.*
(2) Id. *Fam.,* XV, 16.
(3) Id. *Ad Att.,* VII, 9.
(4) Id. *Ad Quint.,* III, 9.

teurs de ces actes et proclamât, comme chez nous, le principe de l'inviolabilité du secret des lettres. Le destinataire, devenu propriétaire, avait tous droits, celui d'en divulguer le contenu, de la produire en justice et de lui donner toute publicité.

Je suppose maintenant que le destinataire ait publié un recueil de lettres d'une grande valeur au point de vue littéraire; qui retirera le bénéfice de cette publication, sera-ce l'auteur ou bien le destinataire ?

§ 2. — De la propriété littéraire.

Avant de résoudre la question qui se présente, il convient d'élucider un premier point, préambule obligatoire. Les œuvres littéraires se vendaient-elles à Rome ?

Deux opinions se sont formées : les uns donnant à l'appui de leur système des citations tirées d'Horace (1), de Properce (2), de Tacite (3), d'Ovide (4) et de Martial (5) soutiennent la négative. Ils font remarquer que, s'il en avait été autrement, les gens de lettres n'auraient pas occupé des fonctions vulgaires (6); les poètes ne seraient pas devenus les flatteurs d'empereurs qu'ils détestaient.

Les autres, ne voyant dans les textes cités par leurs

(1) Horace. *Arspoet,* V, 343.
(2) Properce. III, 1.
(3) Tacite. *Ann.,* XI, 6
(4) Ovide. *Tristes,* VI, 50.
(5) Martial. *Ep.,* XI, 4.
(6) Juvénal. *Sat.,* VII, 1.

adversaires qu'une utopie de poètes, et regardant les éloges adressés aux empereurs comme indispensables à l'existence même de ceux qui les encensaient, soutiennent au contraire que les œuvres littéraires se vendaient et souvent fort cher.

Ces derniers me paraissent être dans le vrai. Après la lecture de quelques passages tirés d'auteurs sérieux, et en particulier de prosateurs, peut-on soutenir toute autre thèse?

Comment expliquer, en effet, ce passage où Pline (1) raconte que son oncle, procureur de César en Espagne, avait pu vendre à Larigius Lucinius ses ouvrages 400,000 sesterces? Pourquoi Suétone nous apprendrait-il que les pièces de théâtre se vendaient fort cher (2), que l'*Eunuque de Térence* aurait été l'ouvrage qui aurait reçu des libraires la plus grosse gratification (3)? Aurait-il rapporté un fait inexact en disant que Pompilius Andronicus avait vendu ses annales 60,000 sesterces (4)?

Ces textes ne peuvent, à mon avis, laisser de doute dans l'esprit de ceux qui les lisent, et permettent de conclure avec certitude que les œuvres littéraires recevaient à Rome rémunération et étaient achetées par les libraires.

Mais que vendait-on? était-ce le manuscrit ou bien les droits de l'auteur? Ces derniers étaient-ils connus?

Des explications déjà données ressort la solution. Il

(1) Pline. III, 5.
(2) Suétone. *Terent.*, C. 2.
(3) Id. *Ibid.*
(4) Id. *De Illust. gramm.*, C. 8.

suffit de rappeler ce paragraphe des *Institutes* où Justinien, recherchant les droits du propriétaire d'une membrane sur laquelle un tiers avait écrit, ne sut pas discerner les droits corporels des droits incorporels. Considérant l'œuvre comme l'accessoire de la substance, était-il possible d'arriver à distinguer dans un écrit la partie matérielle et les droits incorporels, constitutifs de la propriété littéraire ? Je réponds négativement et je tire cette conséquence que la propriété littéraire n'existait pas à Rome. L'auteur vendait ses œuvres, mais cette vente était faite aux risques et périls du libraire (1).

L'opinion contraire a pourtant trouvé un défenseur parmi les auteurs modernes (2). De la présence dans le Digeste (3) et le Code (4) de lois qui punissent les *plagiarii*, il en a conclu que le droit exclusif de reproduction était reconnu à l'auteur ou à ses cessionnaires.

Il existe bien un titre au Digeste et au Code sur les *plagiarii ;* on trouve aussi des lois qui punissent avec une grande sévérité ceux qui sont ainsi nommés, mais que veut dire cette expression *plagiarii ?*

Ce mot a toute une histoire. Pris d'abord dans le sens de voleurs d'enfants, il changea bientôt de signification pour désigner ce que nous appelons, de nos jours, des plagiaires. Martial (5) voyant en effet avec peine cette

---

(1) Cicero. *Ad Att.*, XIII, 21. — Quintilien. *Préface à Marcellus.*
(2) Nodier. *Quest. de litt. légale,* 2me édit., p. 224.
(3) D. 48, 15.
(4) C. 9, 20.
(5) Martial. I, 53.

industrie prendre un développement immense à Rome,
les traita, dans un moment d'indignation, de *plagiarii ;*
le mot fit fortune, et sa signification fut transformée.

Cette explication donnée, ajoutée à l'absence totale
de textes et d'arguments sérieux, nous conduit à cette
conclusion que la propriété littéraire, telle que nous
l'entendons de nos jours, n'existait point à Rome.

S'il en était ainsi, si le droit de propriété littéraire
était inconnu chez les Romains, je n'ai pas à rechercher la personne qui devait bénéficier des revenus que
pouvait fournir la publication des lettres. Les règles de
droit commun ne recevant aucune exception, je dois y
recourir et donner au possesseur du manuscrit tous
les fruits que l'on pouvait en retirer.

Des explications contenues dans cette deuxième section, concluons donc que le possesseur des *lettres
missives* avait sur elles un droit de propriété pur et
simple, sans restrictions, c'est-à-dire le *jus utendi,
fruendi, abutendi.*

SECTION TROISIÈME

Le possesseur de la lettre était un héritier ou un tiers.

Dans la section précédente, j'ai toujours supposé que
le possesseur de la lettre était l'expéditeur, le *nuncius*
chargé de la remettre entre les mains du destinataire,
ou bien le destinataire. Deux autres personnes juridi-

ques, les héritiers et les tiers, pouvaient l'avoir en leur possession ; quels étaient leurs droits ?

Le premier, l'héritier, succédant aux droits que le *de cujus* avait sur l'objet qui lui était transmis, devait jouir, comme le destinataire, du *jus utendi, fruendi, abutendi.* Cette solution, tirée des principes généraux, devait être admise dans la législation romaine ; mais ce n'est là qu'une présomption, conséquence des règles connues, mais dont on ne peut affirmer l'existence, faute de textes.

Le même doute se présente, si l'on recherche l'héritier qui, à défaut de volonté formellement exprimée par le *de cujus*, pouvait revendiquer sa correspondance.

Des questions très-intéressantes sur ce point avaient dû sans doute faire l'objet de discussions devant la justice, mais rien ne nous reste, et le Digeste n'en contient aucune trace. Pourtant, que de cas ont dû se présenter ! que de difficultés ont dû surgir devant les tribunaux !

En ce qui concerne les tiers, ma tâche sera plus facile. Possesseurs d'une lettre, ils peuvent, selon les principes généraux, user des mêmes droits que le destinataire. Une seule restriction existait et a été formellement prévue par Ulpien ; ils ne pouvaient s'en servir en justice, les produire à l'appui de leurs prétentions et en faire usage contre son auteur. Voici l'exemple cité par Ulpien (1). Primus écrit à Secundus une lettre, dans laquelle il lui déclare que Tertius est son cohéri-

(1) L. 52. *Pr.*, D. 2, 14.

tier. La lettre étant parvenue entre les mains de Tertius, peut-il s'en servir pour démontrer sa qualité de cohéritier ? Non, dit ce jurisconsulte. Ce document produit par Tertius est dépourvu de toute utilité pour lui, et le juge ne doit en tenir aucun compte.

Ainsi, dans l'hypothèse où la lettre se trouvait entre les mains d'un tiers, la seule restriction apportée aux principes généraux était la production en justice. Comme le destinataire, il pouvait dès lors la publier, la divulguer, en faire tel usage que bon lui semblait.

DEUXIÈME PARTIE

Utilité des lettres missives en matière civile et criminelle.

L'étude des matières contenues dans la première partie était le préliminaire indispensable de celle-ci. Avant de connaître l'utilité des lettres missives à Rome, il importait, en effet, de savoir quelles personnes pouvaient en bénéficier et de bien préciser leurs droits. Ce travail étant achevé, je n'ai à m'occuper que du rôle de la lettre au point de vue juridique.

Au civil, son usage était double : on s'en servait pour la formation des contrats et leurs preuves ; au criminel, on l'employait pour donner au juge la certitude de la culpabilité de l'inculpé et le bien-fondé de la poursuite.

La suite de cette étude sera consacrée aux développements de ces questions.

(A). — MATIÈRES CIVILES

CHAPITRE PREMIER

Formation des contrats par correspondance.

Dans la législation romaine comme dans la nôtre, l'on pouvait former des contrats par correspondance. Ainsi, Primus envoyait-il une lettre à Secundus pour lui offrir la vente d'un objet déterminé, s'il y avait eu acceptation de la part de ce dernier et, si le contrat qui devait lier les parties n'exigeait pour sa validité aucune forme solennelle, les obligations de part et d'autre prenaient naissance : l'une devait livrer la chose, l'autre satisfaire aux conditions imposées.

La lecture de nombreux textes confirment cette règle (1) et les interprètes (2) sont tous d'accord sur ce point. Il faut pourtant signaler l'existence de lois qui posent des principes opposés et semblent indiquer une con-

---

(1) L. 2. D. 2, 14 — L. 1, 1. D. 3, 3 — L. 16 et 17. D. 14, 6 — L. 1, 1 et 34. *Pr.*, D. 17, 1 — L. 1, 2. D. 18, 1, L. 9, 6. D. 26, 8. — Gaïus, III, 136. — Paul. *Sentences*, 1, 3 § 1.

(2) Cujas. *Opera postum*, II, in l. 15, D. de *Pec. Const.* — Mornac, in l. 24, D. 13, 5. — Brillon. *Verb. lettres.* — Dircksen. *Verb. epistola.* — Maynx. II, p. 152 § 200, note 11.

troverse sur cette question. Cette contradiction n'est qu'apparente, et la connaissance des conditions essentielles à la validité des contrats formés par correspondance en donne l'explication.

§ 1er. — Des conditions essentielles à la formation d'un contrat par correspondance.

Aucun texte n'énumère les conditions que devaient remplir les lettres missives pour établir un lien juridique entre deux ou diverses personnes. Elles existaient cependant, car on en trouve l'application dans des fragments épars et divers, dont l'étude permettra, je le crois du moins, de rétablir les principes sur ce point.

Après un examen complet des textes, on peut arriver à poser les règles suivantes : la formation d'un contrat par correspondance ne pouvait avoir lieu que si les lettres contenaient l'accord des parties, un rapport juridique n'exigeant pour sa validité l'emploi d'aucun mode solennel, et enfin l'intention non équivoque de s'obliger.

L'accord des parties, obligatoire pour la validité de toutes conventions, devait être formellement exprimé. Pour établir l'existence du contrat, il fallait porter la preuve que l'une des missives envoyées contenait l'offre, et l'autre l'acceptation. L'offre seule ne pouvait en effet suffire pour lier les parties, et le silence du destinataire pour tenir lieu d'acceptation tacite (1).

____

(1) L. 5. D. 50, 12 — L. 24. D. 13, 5 — L. 16 et 17. D. 14, 6 — L. 34, Pr., D. 17-1 — L. 9, 6, D. 26, 8.

Cette dernière règle avait pourtant reçu certaines exceptions. Ainsi, les constitutions de dot étaient valables, bien que le destinataire de la lettre, bénéficiaire de cette disposition, n'ait pas accepté (1). Pour la promesse faite en faveur des victimes d'une catastrophe (2), pour l'embellissement d'un théâtre (3), du *Forum* (4), on suivait aussi la même règle : le défaut d'acceptation n'empêchait pas la naissance du contrat. Enfin, on avait encore étendu ce privilège au cas où l'on s'engageait en faveur de l'Etat. La promesse liait le promettant, si elle avait été faite avec cause, condition essentielle à noter, car si cette promesse avait été faite *sine causa,* elle ne devenait obligatoire qu'après un commencement d'exécution de la part de l'expéditeur de la lettre (5).

A part ces quelques exceptions formellement établies dans des textes, la correspondance devait, pour former le lien juridique, contenir l'accord des parties. Cette première condition remplie, il fallait encore que le contrat contenu dans la missive n'exigeât, pour sa formation, l'emploi d'aucune forme solennelle.

Dans cette législation romaine, formaliste surtout, on ne pouvait remplacer ces formes exigées à peine de nullité par une missive. Si le contrat demandait, pour sa validité, l'emploi de certaines paroles, l'accomplissement de certains actes, la présence de certaines personnes,

(1) L. 69, D. 23, 3 — L. 19, D. 23, 2 — L. 6., C. 5, 11.
(2) L. 4, D. 50, 12.
(3) L. 3, D. 50, 12.
(4) L. 122, D. 30.
(5) L. 1, 2 et 3, et L. 30, D. 50, 12.

la lettre ne pouvait en tenir lieu. Aussi la divergence que je signalais naguère n'est-elle qu'apparente, et si on lit les textes, on s'aperçoit bientôt que la non-validité des contrats faits par correspondance tenait, non pas à la prohibition du législateur, mais bien à la nature du contrat lui-même. Ainsi la vente, contrat consensuel, valable par le seul accord des parties, pouvait intervenir *per epistolam* ; au contraire la stipulation, *contrat verbis*, qui n'avait d'existence que si les paroles solennelles avaient été prononcées, ne pouvait avoir lieu en cette forme. Ce point devant recevoir ultérieurement de plus amples développements, je l'abandonne pour passer à la troisième condition qui, à mon avis, était nécessaire pour rendre valable un contrat formé par correspondance : la manifestation non équivoque de la volonté des parties.

Les parties ont-elles voulu s'obliger ? La lettre qui contient l'offre et celle dans laquelle l'acceptation était contenue avaient-elles été écrites en vue de s'obliger ? C'était là une question de fait, souvent difficile à trancher, et qu'on avait en partie écartée en déclarant le contrat valable à la seule condition que la volonté des parties ait été clairement manifestée. Ainsi, dit Ulpien (1), j'écris à un de mes amis en ces termes : « *Rogo te, com-* « *mendatum habeas Sextilium Crescentem amicum* « *meum,* » y a-t-il là de ma part mandat donné à mon ami ? Non, car j'ai écrit cette lettre pour recommander

____

(1) L. **12**, **12**, D. **17**, **1**.

Sextilius Crescens et non pour donner mandat au destinataire de la lettre.

On retrouve l'aplication de ce principe dans de nombreux textes qui servent à confirmer cette règle. Si les
parties n'ont pas formellement manifesté leur intention
de s'obliger, il y a présomption contraire, une des conditions essentielles à la validité des contrats par correspondance fait défaut.

A ces trois conditions, un interprète (1) déjà ancien
du Droit romain en ajoutait une quatrième. D'après
lui, l'obligation contenue dans une lettre devait être
pure et simple pour pouvoir prendre naissance en cette
forme. Accompagnée d'une condition, il y avait alors
un contrat innommé, qui ne pouvait exister qu'après
son accomplissement préalable. Ainsi, prenons cet
exemple : Si vous faites cela, je vous donnerai 100
louis d'or. On ne peut, dit ce jurisconsulte, inférer de
ces mots qu'il y ait une obligation, si on ne prouve
l'accomplissement de la condition.

Je ne puis partager cette opinion. Qu'on ne puisse
exiger de la part de l'auteur des offres l'accomplissement de son obligation qu'après que l'acceptant ait
accompli la condition imposée, je le comprends, mais
on ne peut aller jusqu'à dire que le lien juridique ne
pouvait exister qu'après l'accomplissement de la condition. Si le destinataire s'engageait par lettre à accomplir la condition, le contrat, bien que conditionnel, avait

______

(1) Danty. *De la preuve testimoniale.*

pris naissance et les deux parties avaient action pour en demander l'exécution.

Donc, le contrat par correspondance n'était valable, d'après mon assertion, que s'il y avait concours des trois premières conditions que je viens de mentionner. L'application que les jurisconsultes ont faite dans les divers contrats nommés servira de preuve à l'exactitude de ces règles.

§ 2. — Application de ces principes aux divers contrats.

La première classe de contrats, les *contrats re*, n'étant valables que s'il y avait eu remise d'une chose, empêchaient l'accomplissement d'une des conditions précédemment désignées, aussi ne pouvaient-ils se former *per epistolam*. C'était d'ailleurs là le seul obstacle qui s'opposait à la formation de ces contrats par correspondance ; aussi, dès qu'il disparaissait, toutes les conditions requises pour la validité des contracts *per epistolam* se trouvaient réunies, et ils devenaient valables, bien que faits en cette forme.

Cette assertion peut être confirmée par deux textes : l'un de Paul (1) et l'autre de Scævola (2). Ainsi, j'ai entre mes mains 100 appartenant à Primus, et je lui écris pour lui demander de les retenir à titre de prêt. Il me répond qu'il accepte ma demande : y a t-il *mutuum*

(1) L. 9, 5, D 41-1.
(2) L. 28, D. 16, 3.

et les parties pourront-elles se servir des actions que font naître ce contrat? Oui, répondent ces deux jurisconsultes. Pour la formation du contrat de *mutuum*, il faut en effet trois conditions : l'obligation de rendre la chose, le concours des deux volontés, et enfin la tradition du transfert de propriété. Or, les deux premiers éléments pouvant être valablement contenus dans une lettre (1), il suffisait que le troisième ait été accompli pour l'existence du contrat. Dans l'exemple que je cite, la troisième condition se trouvant accomplie et les deux autres étant contenues dans la missive, le lien juridique était formé entre les deux parties : le contrat de *mutuum* renfermé dans la missive était valable.

Il en était de même pour les contrats *verbis*. Ces derniers exigeant, pour leur validité, l'emploi de paroles solennelles, ne pouvaient être valablement faits *per epistolam* (2), la deuxième condition que je regardais comme essentielle à la formation des contrats par correspondance faisait défaut.

Cependant il y a un texte qui pose des principes contraires. Ainsi, Septicus a promis par lettre qu'il paierait la somme déposée chez Sempronius et les intérêts à six pour cent. Bien que les paroles solennelles n'aient pas été prononcées, dit Paul (3), le contrat était valable. Comment mettre en harmonie les dispositions contenues dans ce texte avec nos règles?

(1) L. 2, *Pr.*, D. 2, 14.
(2) Gaïus. III, 136. — *Inst.*, 12, III, 19 — L. 1, *Pr.*, D. 45, 1.
(3) L. 134, 2, D. 45, 1 — L. 1, C. 8, 38.

Il suffit, pour donner l'explication de ces deux solutions si opposées, de suivre la marche du droit à Rome. Loin de venir contredire les règles posées, elles servent au contraire de preuve à leur existence.

Dès le début, le formalisme envahit la législation romaine. Le moindre manquement aux conditions de forme entraînait la nullité du contrat.

Plus tard, on enleva cette enveloppe trop épaisse, qui recouvrait tout acte, et on descendit, mais à pas lents, vers des principes meilleurs et plus conformes aux règles de la raison. Gaïus (1) posait comme règle que le contrat *verbis* fait entre absents n'était pas valable; Ulpien (2), bien que déclarant la prononciation des paroles solennelles essentielle pour rendre la stipulation valable, exprimait pourtant des doutes sur le point de savoir si, dans une stipulation, la demande pouvait être faite en grec et la réponse en latin. Avant lui, la négative était certaine. Arrive Paul (3) qui, suivant l'élan du progrès, déclara valable le contrat *verbis* fait *per epistolam*, et amena par son influence et les efforts qu'il fit pour donner à son opinion l'adhésion générale, la proclamation de la fameuse Constitution de Léon (4) qui, cassant l'ancien moule de la stipulation, trop étroit pour son temps et les progrès accomplis, le remplaça par un autre plus conforme aux mœurs de son époque. La stipulation put

(1) Gaïus, III, 136.
(2) L. 1, *Pr.*, D. 45, 1.
(3) L. 134, 2, D. 45, 1.
(4) L. 10, C. 8, 38.

dès lors avoir lieu *per epistolam*, mais il faut ajouter *inter præsentes* seulement.

Notre règle se trouve donc confirmée? Dès l'origine, on n'a pu contracter *verbis* par lettres, à cause de l'accomplissement rigoureux des formalités exigées à peine de nullité. Sans la prononciation des paroles solennelles, pas de *causa civilis ;* donc, pas de contrat. Plus tard, la présence des parties établissant une présomption en faveur de la validité de l'acte, on put dès lors former un contrat *verbis per epistolam*, mais à cette seule condition que les parties aient le même domicile au moment de la formation du contrat.

Les contrats *litteris*, comme ces derniers, suivirent la marche du progrès. Rien ne pouvait d'abord remplacer les inscriptions obligatoires pour la formation de *l'expensilatio*. La *causa civilis* doit être suivie dans toute sa rigueur. Si nous franchissons quelques années et arrivons à l'avènement du *chirographum*, les principes changent et la lettre peut remplacer ce mode de contracter.

Pourtant, ajoutons de suite que l'exactitude de ces derniers points est subordonnée à la condition que le *chirographum* ait pu engendrer à Rome une obligation.

Cette théorie n'a pas trouvé l'adhésion de tous les interprètes. M. Gide (1) notamment, basant son opinion sur un texte de Gaïus (2), et sur cette circonstance que

(1) *Rev. de lég.*, I. 73.
(2) Gaïus. III, 134.

Justinien (1) parle des contrats *litteris* comme souvenir (2) seulement, prétend que le *chirographum* n'était pas un mode de contracter, mais un simple moyen de preuve. Dès lors, il serait faux de dire que quelques contrats *litteris* pouvaient être faits *per epistolam*.

Oui, si cette opinion est vraie, mais elle me paraît inadmissible. J'admets bien, comme M. Gide, que les termes du texte qu'il cite de Gaïus doivent être pris à la lettre, mais peut-on de cette simple expression contenue dans la loi citée « *videtur* » tirer une argumentation permettant d'exposer un système qui démolisse tous les travaux faits jusqu'à ce jour ? Non ; l'élasticité même du mot *videtur* doit d'ailleurs nous faire recourir à d'autres sources. Or, que l'on consulte Aulu Gelle (3), Asconius (4), Sénèque (5), on verra qu'à cette époque le *chirographum* pouvait à lui seul former une obligation. Dans le *chirographum* se trouvait la preuve du contrat et le contrat lui-même ; si bien qu'on arrivât à confondre le *chirographum* et la *cautio* (6), résultat forcé, ainsi que le fait remarquer Justinien dans un passage de ce même titre, d'où les partisans de l'autre système ont tiré l'expression *olim scriptura*. « Si on a affirmé par écrit qu'on était débi-« teur d'une somme qui n'a pas été comptée, on ne

---

(1) *Inst.*, III, 21.
(2) *Olim scripturâ.*
(3) *Nuits att.*, XIV, 2.
(4) *In Verrem*, II, 36.
(5) *De Beneficiis*, II, 23.
(6) C. 7, C. 4-10.

« peut après un certain temps opposer l'exception *non*
« *numeratæ pecuniæ*, ce qui a été très-souvent décidé,
« de sorte qu'il arrive aujourd'hui que l'obligation est
« née *scriptura* et qu'on pourra se servir de la *con-*
« *dictio* (1). »

Si donc le *chirographum* pouvait servir à former une
obligation, la lettre pouvant en tenir lieu jouait le même
rôle ; elle remplaçait dans ce cas le contrat *litteris*, mais
ce résultat, je le rappelle, n'a pu se produire qu'après
l'invention du *chirographum* et son avènement.

Les contrats consensuels ont pu toujours, contrairement aux précédents, être faits *per epistolam*. N'exigeant pour leur formation aucune forme solennelle,
l'accord des parties étant seulement obligatoire, ils pouvaient être ainsi valablement faits et obliger les parties.
Ce point est hors de doute et les textes qui confirment
cette opinion sont fort nombreux (2). Les contrats de
vente (3), de louage (4), de société (5) et de mandat (6)
renfermés dans la correspondance des parties, établissaient un lien entre elles.

Après examen des quatre classes de contrats connus à Rome, nous pouvons donc tirer cette conclusion,
qu'en règle générale tous contrats pouvaient être faits
per epistolam, et que s'il y avait des exceptions, elles

(1) *Inst.*, 2, III, 21.
(2) L. 1 et 2., D. 22, 4 — L. 38 et 52, 9, D. 44, 7 — L. 17, D. 46, 2.
(3) L. 1, 2, D. 18, 1.
(4) Gaïus. III, 135 et 136. — *Inst.* § 3, *De Loc. et Cond.*
(5) L, 4, D. 17, 2.
(6) Paul. *Sentences*, I, 31.

étaient dues au non-accomplissement des règles que j'ai tracées. Le contrat exigeait, pour sa validité, des conditions ou formes que ne pouvait contenir la correspondance des parties ; mais si elles disparaissaient, le droit commun reprenait son empire et l'on rentrait dans l'application de la règle générale.

Cette première difficulté élucidée, il s'en présente bientôt une autre dont la solution, comme la précédente, ne repose que sur des présomptions. Nul texte ne nous apprend, en effet, le moment où le contrat par correspondance prenait naissance, et pourtant de quelle importance est cette question au point de vue des risques ! Faute de documents, nous puiserons dans les principes généraux la solution que les jurisconsultes romains avaient dû lui donner.

§ 5. — A quel moment le contrat par correspondance prenait-il naissance ?

Les parties sont-elles liées dès qu'il y a eu acceptation des offres de la part de celui qui les a reçues ou bien le lien obligatoire n'existe-t-il qu'après l'arrivée de l'acceptation à la connaissance de l'auteur des offres ?

A mon avis, le contrat ne devait à Rome prendre naissance qu'au moment où le pollicitant avait connaissance de l'acceptation. S'il faut en croire le témoignage de Cicéron (1), on ne pouvait en effet comprendre l'idée d'obligation sans l'idée d'échange. Un

(1) Cicero. *De Off.*, II, 15.

service rendu devait recevoir rémunération, et il ne pouvait y avoir obligation que s'il y avait certitude absolue que l'une des parties, après s'être obligée, obligeait l'autre à son tour. Or, on ne pouvait acquérir la certitude absolue qu'il y avait échange de services qu'après l'arrivée de l'acceptation à la connaissance du pollicitant. Alors seulement les deux volontés coexistaient et le rapport de causalité, essentiel pour rendre la convention obligatoire, s'était formé.

Maintenant, que fallait-il entendre par ces mots : « Le moment où l'offrant avait connaissance de l'acceptation ; » était-ce celui où l'on remettait la lettre au *nuncius* ou bien celui où elle arrivait entre ses mains ?

Les principes déjà établis me permettent de résoudre bien facilement cette question. Il suffit, en effet, de se rappeler les solutions que j'ai déjà données quand je recherchais le moment où la lettre devenait la propriété du destinataire. Diverses hypothèses se présentaient et réclamaient des solutions diverses ; aussi, pour ne pas faire des redites sur ce point, j'y renvoie : les solutions et distinctions déjà établies permettront suffisamment de résoudre la question que je viens de poser.

CHAPITRE II

De la preuve que l'on pouvait retirer des lettres missives.

Les lettres missives pouvaient donc, ainsi que je viens de l'établir, lier les parties, former des rapports juridiques donnant naissance à des droits et à des obligations. A ce point de vue, leur importance était fort grande, mais elle augmentait encore par les avantages qui pouvaient résulter de leur possession en matière de preuves.

Il arrivait quelquefois, comme je l'ai démontré plus haut, que la correspondance ne pouvait lier les parties, certaines conditions faisant défaut; servaient-elles alors à prouver l'accomplissement des formalités remplies, l'accord sur certains points? Un texte de Paul (1) répond à toutes ces questions : « Sur la valeur d'une let-« tre qu'on me présentait et dans laquelle Titius in-« formait les Sempronius qu'il était en possession de « dix marcs d'or, de deux plats, d'un sac cacheté, qui « leur appartenaient; que, sur ces objets, ils lui devaient « dix et leur père dix aussi, je répondis que cette lettre

(1) L. 26, D. 16, 3.

« ne formait aucune obligation, mais pouvait servir à
« donner la preuve des objets déposés chez Titius et à
« en faire connaître leur nature. » Donc, si la correspondance des parties n'établissait pas toujours le lien
juridique, elle servait, dans certains cas, à donner la
preuve des choses, objets de la convention intervenue,
et de leur livraison. Il conviendra dès lors d'examiner
leur valeur comme preuve, les conditions nécessaires à
leur validité et enfin les applications que les jurisconsultes romains ont fait de ces principes.

SECTION PREMIÈRE

Foi due aux lettres missives.

La correspondance faisait partie de cette catégorie de
preuves appelée preuve littérale. Aussi, pour être complet sur cette question, me faudra-t-il d'abord faire
connaître la place qu'occupait la preuve littérale dans
l'ordre des preuves, pour rechercher ensuite quelle a pu
être sa valeur parmi les divers écrits.

Tous les interprètes ne sont pas d'accord sur le premier point. Quelques-uns pensent que la prééminence
appartenait à la preuve testimoniale, opinion qu'ils font
reposer sur une lettre qu'Hadrianus aurait écrite au pro-
consul de Macédoine (1), sur une novelle de Justinien (2), et enfin sur un passage du *pro archia* (3).

(1) L. 3, 3, D. 22, 5.
(2) L. 15, C. 4. 21.
(3) Cicero. *Pro Archia*, C. IV.

L'examen de ces textes ne me paraît pas militer beaucoup en faveur de ce système. La lecture de la première loi suffit pour donner la preuve qu'elle n'a trait qu'aux matières criminelles : la novelle de Justinien ne pose pas des règles générales et ne s'occupe que d'un cas spécial, la preuve en vérification d'écritures. Il ne reste donc que le passage du *pro archia* qui, il faut bien le reconnaître, résout la question dans le sens de cette thèse.

Mais peut-on, du plaidoyer d'un avocat, tirer la preuve d'un point de droit aussi important ? son but n'est-il pas de faire triompher sa cause par tous les moyens possibles ? Dans le *pro archia*, Cicéron avait besoin que la priorité appartînt à la preuve testimoniale ; il a apporté un amas d'excellentes raisons pour démontrer la vérité de son opinion. Le lendemain, les besoins de sa cause ont changé, il a soutenu une théorie opposée. La preuve de cette assertion, je la trouve dans les œuvres de Cicéron lui-même. Dans le *pro archia*, il donne la prééminence à la preuve testimoniale ; dans un passage du *pro cœlio* (1), il soutient avec la même vigueur une thèse opposée. Ce dernier argument n'étant donc pas suffisamment concluant, il me paraît que ce système doit être rejeté.

La thèse contraire repose d'ailleurs sur des bases plus sérieuses. Je citais un passage du *pro cœlio*, qui proclamait la prééminence de la preuve littérale ; il trouve sa confirmation dans un texte de Paul (2) : « *Testes cum*

(1) Cicero. *Pro Cœlio*, C. II.
(2) Paul. *Sentences*, 4, V, 15.

« *de fide isntrumentorum nihil dicitur adversùs*
« *scripturam interrogari non possunt.* » Que peut-on
répondre à ce texte? qu'il est seul peut-être et qu'une
erreur de compilation a pu se glisser lorsqu'on a confec-
tionné le Digeste? En réponse à cette objection, il suffit de
faire connaître une constitution de l'empereur Caracalla,
restituée par Cujas d'après les Basiliques, et qui s'exprime en ces termes : « *Contra scriptum testimonium,*
« *non scriptum testimonium non fertur.* » Je sais bien
que l'on discute sur l'authenticité de ce texte, mais en
supposant que cette constitution n'ait jamais existé, ne
reste-t-il pas le texte de Paul, sur lequel aucune indé-
cision ne peut s'élever ?

Pourtant, il ne faut pas aller trop loin dans notre système. Du temps de Paul, la preuve littérale l'emportait
sur la preuve testimoniale ; ses sentences en font foi,
mais tel n'a pas toujours été l'état du droit.

Toutes les institutions ont leur enfance, comme les
peuples, et le droit n'a certes pas échappé à cette règle
commune. Suit-on la marche de la matière des preuves
chez chaque peuple, on voit tout d'abord la preuve testimoniale l'emporter dès le début sur la preuve littérale.
L'écriture, ou pour mieux dire les signes écrits repré-
sentatifs de la pensée, venant à se répandre dans le peuple, la preuve littérale, après avoir été l'égale de la
preuve testimoniale, vient la détrôner.

Telle a été la route qu'a suivie cette institution à
Rome. La preuve testimoniale est d'abord souveraine ;
peu d'écrits, beaucoup de témoins : une convention

intervenait-elle, elle se faisait en présence de deux témoins qu'un fonctionnaire spécial, l'*antestatus*, tirait par l'oreille afin de graver dans leur mémoire les paroles prononcées, naïveté d'un peuple jeune en science qui plaçait dans cet organe le siège de cette faculté (1). L'instruction s'étant développée peu à peu et les mœurs ayant progressé, les institutions suivirent leur cours. Sous Constantin (2) la preuve littérale devint l'égale de la preuve testimoniale, transition à la dernière étape, c'est-à-dire au moment où un jurisconsulte a pu proclamer la priorité de la preuve écrite sur la preuve testimoniale.

Quelle que soit d'ailleurs la solution adoptée, il convient maintenant de rechercher la valeur de l'*epistola* parmi les divers écrits.

Les Romains distinguaient trois sortes d'écrits pouvant faire preuve : les *instrumenta publica* déposés dans les archives (3) et faisant foi jusqu'à inscription de faux ; les *instrumenta forensia* rédigés en présence de témoins et du tabellion qui venaient, en cas de contestation, affirmer ce qu'ils avaient entendu (4) ; et enfin les *instrumenta domestica*, dressés par les particuliers (5) et faits avec ou sans témoins.

Ce simple aperçu sur les divers *instrumenta* à Rome suffit pour assigner à la lettre missive sa véritable place.

(1) Pline. *Hist. nat.*, L. II, ch. 45.
(2) L. 15, C. 4, 21.
(3) L. 9, 6., D. 48, 19 — L. 10, D. 22, 3 — L. 11 in f., C. 8, 18 — L. 31, C. 8, 54.
(4) L. 15 et 17, C. 4, 21.
(5) *Nov.*, 73, Cap. 1 et 5.

C'était un *instrumentum domesticum* fait sans la présence des témoins ; aussi faisait-il, comme tout écrit de
cette nature, selon les cas, preuve complète (1) (*plena*)
ou bien ne servait-il que de commencement de preuve
(*semiplena*), c'est-à-dire que l'*instrumentatum* ne
pouvait former une preuve complète sans le concours
de circonstances autres, ce que les Romains appelaient
des *adminicula* (2).

La lettre pouvait donc, pour parler le langage du droit,
former tantôt une preuve *plena*, tantôt une preuve *semiplena*, mais pour pouvoir la produire en justice, il
fallait le concours de certaines conditions exigées en
vue de prévenir les plaideurs contre les faussaires.

A Rome, en effet, on imitait encore plus facilement
que de nos jours l'écriture d'autrui ; à peine pouvait-on
distinguer la signature apposée sur un acte et la main
qui l'avait écrite, aussi les faussaires étaient-ils en grand
nombre. La peine du *metallum* ne pouvait effrayer les
humiliores (5), ni celle de la déportation les *honestio-
res*, pas plus que le sénatus-consulte de Néron (4) n'ar-
rêta ce véritable fléau ; aussi s'explique-t-on sans
peine que la lettre, simple écrit, ne portant qu'une signature et n'ayant de valeur que celle que lui donnait
la bonne foi de celui qui la produisait, dut, pour être
produite en justice, remplir des conditions pouvant offrir quelques garanties. Quelles sont ces conditions ?

(1) L. 1, 1, D. 17, 1.
(2) L. 5, 6 et 7, C. 4, 19.
(3) Paul. *Sent.*, 10, V, 25.
(4) Id. *Ibid.*, 6, V, 25. — Suétone. *Nerva*, 17. — Quint. XII, 8, 13.

SECTION DEUXIÈME

A quelles conditions les lettres missives faisaient-elles preuve en justice,

Encore silence absolu des textes, mais, cette fois excusable. Pouvait-on en effet régler, comme toute autre, cette matière, qui variait avec l'*æstimatio* du juge ? On peut pourtant, en parcourant les lois, en étudiant les espèces, en fouillant les textes, arriver à trouver des règles fondamentales, dont le juge ne s'écartait jamais.

Ainsi, avant de se servir d'une lettre comme preuve, il fallait que celui à qui on l'opposait reconnût l'écriture comme véritable, ou bien, en cas de dénégations, que l'on fît la preuve qu'elle était bien l'œuvre du signataire. Dans ce cas *judex æstimalurus* (1). Cette solution n'aurait pas été écrite dans un texte, que nous aurions pu, après les explications déjà données, en démontrer l'existence. L'aveu de la sincérité du document ou la preuve de son existence véritable étaient en effet les seuls moyens propres à éviter la production en justice de lettres fausses.

Cette première condition remplie, il fallait en outre que la lettre émanât de l'auteur lui-même. Le texte de Paul déjà cité posait cette règle : « Je suis possesseur d'un sac d'or..... » De cette lettre, l'on pouvait tirer la

(1) L. 26, 3, D. 16, 3.

preuve que Titius doit aux Sempronius un sac d'or, mais qui pourra s'en servir? Le destinataire. C'est en effet ce que dit Gaïus dans un autre passage : « Si Primus écrit « à Secundus de libérer son débiteur et qu'il paie, Pri- « mus est tenu de l'*actio mandati* (1). » Or, comment prouverait-on que ce mandat existe, si ce n'est par tout autre écrit que par la lettre? Donc, Secundus, destina- taire de la lettre, pourra s'en servir contre l'auteur, Pri- mus.

SECTION TROISIÈME

Application faite par les jurisconsultes romains de ces règles.

Les applications des principes énumérés dans les sections précédentes sont fort nombreuses, et nous en trouverons des exemples dans la matière des contrats, des dispositions de dernière volonté et dans les ques- tions d'État.

§ 1er. — Des contrats.

Certains contrats ne pouvaient, ainsi que je l'ai dé- montré, être formés par lettres. Est-ce à dire que les lettres, même pour ceux-là, ne pouvaient offrir aucune utilité? Le contraire résulte des documents juridiques

______

(1) L. 26. 2, D. 16, 3.

que nous possédons. Si la correspondance des parties ne pouvait les lier, elle servait, du moins, à prouver l'objet de la convention, les conditions ou clauses qu'elles avaient voulu y apporter.

Ainsi, les contrats *re* ne pouvaient en règle générale être formés par lettres missives ; pourtant, dans certains cas, elles permettaient d'établir l'accord des parties, la nature ou l'état de la chose, objet de la convention. Je prends un exemple : Je prie un de mes amis, Primus, de me prêter son cheval pour aller faire un long voyage. Quelques jours après mon départ, je lui fais savoir par lettre que, grâce à l'allure de sa bête, j'ai pu franchir plus rapidement que je ne le pensais le pays que je devais traverser. Le voyage achevé, je lui fais reconduire le cheval, blessé à la jambe, ce qui le met dans l'impossibilité de prendre une allure précipitée. Primus me demande des dommages pour le préjudice causé ; je les refuse, et je soutiens que je lui ai ramené la bête dans le même état que celui dans lequel elle se trouvait avant mon départ. Cet ami ne pouvait-il pas se servir de la lettre qu'il avait reçue pour donner au juge la preuve que l'animal prêté n'était atteint, avant son départ, d'aucune infirmité ni d'aucune blessure ?

Le texte de Paul déjà cité me permet de penser qu'il devait être autorisé à produire en justice la lettre : « Titius écrit aux Sempronius... Cette lettre servira à donner la preuve des objets déposés chez Titius (1). »

______

(1) L. 26. D. 16, 3.

Donc, Primus, destinataire de la lettre, après la reconnaissance de mon écriture ou, au cas de dénégation, après la preuve de son authenticité, pourra s'en servir pour donner au juge la conviction que le cheval dont il avait la propriété, et que j'avais reçu à titre de commodat, était valide et sans blessures.

Bien que la stipulation n'ait pu être formée entre absents *per epistolam*, il était cependant possible de tirer d'une lettre la certitude que l'accord des parties était intervenu et de faire connaître les clauses qui accompagnaient les conventions (1).

Avant l'invention des *chirographa*, l'*expensilatio contrat litteris*, essentiellement solennel puisqu'il exigeait, pour sa validité, une ou plusieurs inscriptions, selon l'opinion adoptée, pouvait aussi avoir lieu entre absents (2) et la preuve de son existence tirée de la correspondance des parties. Voici l'espèce et le mode employé dans ce cas. Titius écrivait à Sempronius de lui envoyer 100 et l'informait qu'il inscrivait cette somme sur son codex. Sempronius, dans une autre lettre, faisait part de l'envoi de cette somme à Titius en l'informant qu'il avait mentionné sur ses registres les clauses d'usage. Ces lettres permettaient, sinon de regarder les parties comme liées; au moins, dans le cas où on ne niait pas l'existence du contrat, de prouver son objet et le montant de la somme prêtée.

---

(1) L. 134, 2, D. 45, 1 — L. 1. C. 8, 38.
(2) Gaïus. III. 138.

Pour les *chirographa* (1), la *cautio* (2) ou les *ins-trumenta* (5), aucun doute ne pouvait s'élever. Elles servaient à prouver l'existence de ces actes, ce qui faisait dire aux jurisconsultes romains que les lettres étaient placées sur le même rang que les *chirographa* et les *cautiones*. Toute autre explication ne pourrait justifier cette assimilation.

Donc, lorsque les lettres ne pouvaient servir à établir le lien juridique, elles permettaient de prouver l'objet de la convention, les clauses ou conventions, ou bien encore l'accord des parties pour lequel toute forme était indifférente (4).

Dans les dispositions de dernière volonté, le rôle de la correspondance était en quelque sorte double; elle pouvait servir à la fois d'acte et de preuve. La lettre contenait l'acte lui-même et les dernières volontés du *de cujus*.

§ 2. — Des dispositions de dernière volonté.

Prenant pour point de départ ce principe, que la volonté des parties pouvait être donnée en toute forme, les jurisconsultes romains ont été amenés à déclarer valables certains actes contenant les dispositions de dernière volonté. Mais il faut immédiatement faire cette

(1) L. 77, 26, D. 31.
(2) L. 5, 3 et 24, D. 13, 5.
(3) *Fr. Vat.*, § 263 et 265.
(4) L. 1, 2, D. 18, 1 — L. 4 et 5, D. 22, 4 — L. 38 et 52, 9, D 44, 7.

restriction qu'il n'en a pas toujours été ainsi, et que ce principe ne fut en vigueur qu'aux époques pendant lesquelles il suffisait, pour tester ou léguer, de la *nuda voluntas*.

Le premier qui permit de faire un testament valable *per epistolam* fut Jules César; mais cette faveur, qui dérogeait à toutes les règles connues jusqu'à cette époque, ne fut étendue qu'aux militaires *(militibus)*. Dans la suite, cette concession, qui n'était que temporaire, devint permanente. Selon Ulpien (1), les empereurs Titius, Domitien, Nerva et Trajan suivirent la voie tracée par Jules César, en accordant aux militaires la *factio testamenti libera*. Justinien (2) renouvela ces dispositions, mais seulement en faveur des militaires qui testaient dans le cours d'une campagne. Faisait-il ainsi revivre le droit commun ou bien innovait-il? C'est là une question fort discutée parmi les interprètes, que je laisse de côté, ce point me paraissant un hors-d'œuvre à mon sujet.

L'introduction des codicilles, sous Auguste, permit aussi de disposer *per epistolam*. Le codicille pouvant être formé par tous actes était valable, bien que contenu *in epistola* (5) ou *in libello*. Théodose le Jeune (4), rendant obligatoire la présence de témoins dans toutes les dispositions de dernière volonté, enleva cette prérogative si conforme à toutes les règles de la raison.

(1) L. 1, *Pr.*, D. 29-1.
(2) L. 17, C. 6, 21.
(3) L. 1, C. 6, 36 — L. 22, C. 6, 42.
(4) L. 8, 3, C. 6, 36. — *Inst.*, 12, II, 23.

Les fidéicommis, introduits à la même époque que les codicilles, subirent les mêmes fluctuations. Renfermés dans un codicille fait *per epistolam*, ils furent valables jusqu'à la promulgation de la constitution de Théodose le Jeune, que confirma d'ailleurs Justinien.

Pour les legs, il n'en fut pas de même ; contenus dans un codicille, il fallait que ce dernier fût confirmé. Aussi ne peut-on pas dire que le legs fait dans un codicille *per epistolam* était valable, car pour pouvoir s'en servir il fallait encore qu'il fût *confirmatum*, c'est-à-dire mentionné dans un testament soit *in futurum* ou *in præteritum*. Ainsi donc, de Jules César à Théodose le Jeune, certains actes de dernière volonté n'exigeant, pour leur validité, aucune forme solennelle, purent être faits *per epistolam*. Mais, sous cet empereur, la présence de témoins, obligés de signer sur l'acte, rendit impossible l'emploi des lettres. Pourtant, même après Théodose, on testa en cette forme ; mais alors il fallait, après avoir prêté le serment *de calumnia*, le déférer à son adversaire (1), ce qui rendit cette voie impraticable et la fit abandonner.

§ 5. — Questions d'État.

L'utilité des lettres comme moyen de preuve fut surtout grande dans les questions d'État. Il n'a pas toujours

(1) L. *Inst.*, 12, II, 23.

existé à Rome, comme chez nous, de registres destinés
à faire connaître l'état-civil des personnes; de là nais-
saient des difficultés fort nombreuses et le plus souvent
insolubles. Avant d'entrer en litige, des lettres avaient
été échangées, des révélations faites; quelle était leur
valeur, liaient-elles le juge?

Pour bien répondre à cette question, il convient de
séparer chacun des états par lesquels un romain pouvait
passer et de la considérer à ce point de vue.

L'entrée dans la vie, la naissance n'était point l'objet,
comme chez nous, de soins particuliers. Jusqu'à Jules
César on laissait le soin d'inscrire cette date si utile au
caprice du *paterfamilias*. Si ce dernier était un homme
d'ordre, il en faisait mention sur son codex; sinon, on
laissait au souvenir des témoins de la naissance le soin
de la faire connaître en temps utile, c'est-à-dire au
moment où il prenait la toge virile, où il pouvait être
tribun, où une contestation s'élevait.

Sous Jules César, les naissances devinrent en quelque
sorte publiques. À côté de la chronique locale, il fit
mettre dans les *Acta populi* les naissances qui, chaque
jour, avaient lieu à Rome. Juvénal (1) et Sénèque (2)
confirment ce fait, mais ce dernier a le soin d'ajouter
qu'ils ne les contenaient pas toutes (3). De là des erreurs,
des lacunes, sources abondantes de procès.

Cet état de choses dura jusqu'au règne de Marc-Aurèle,

(1) Juv. IX, 84.
(2) Sénèque. *De Benef.*, III, 6 et 12.
(3) Juv. II, 134.

qui ordonna que chaque citoyen donnât, dans les trente jours de la naissance, un nom à son nouveau-né, en fit la déclaration à Rome devant les préfets du trésor de Saturne ; dans les provinces, devant les tabellions publics. Les fonctionnaires tenaient un registre sur lequel ils consignaient les déclarations qui leur étaient faites, mais le Romain s'assujettit difficilement à ce nouvel état de choses, si bien qu'on fut obligé de prononcer la peine de mort contre ceux qui contrevenaient aux lois en cette matière.

En présence de l'imperfection de ces institutions, on saisit de suite combien devaient être grandes les difficultés qui s'élevaient sur l'état des personnes. Si on avait fait une fausse déclaration, si on n'avait pas donné de nom au nouveau-né, si on ne l'avait inscrit ni sur le codex ni sur les *Acta populi*, si on n'avait pas déclaré la naissance aux préfets du trésor de Saturne, comment suppléer, suivant les cas, à cette lacune ?

Deux moyens seuls étaient possibles : le témoignage ou des écrits. Or, en cette matière, à défaut d'actes spéciaux, on ne peut guère trouver mention des faits de cette nature que dans des lettres. Deux époux éloignés l'un de l'autre ont entretenu une correspondance entre eux, ils parlent de leur enfant ; à défaut d'autres documents, que vaudra cette lettre ? Scævola répond à cette question en citant un rescrit des empereurs Antonin et Vérus : « Les preuves de la filiation ne consistent pas seulement dans les affirmations des témoins, mais aussi dans des lettres adressées entre époux et dont on ne conteste pas l'existence (1). » Les lettres sont donc essentielles pour apporter une preuve de cette nature ; mais pour prouver la filiation, il fallait à la fois une preuve écrite et une preuve testimoniale « *non epistolis* », dit une loi au Code (2) ; on ne peut pas prouver la *necessitudo sanguinis* par de simples lettres, il faut encore des *adminicula*, c'est-à-dire autre chose qui puisse venir attester la sincérité de leur contenu. Donc, la lettre était essentielle dans cette hypothèse, mais elle ne pouvait servir que de preuve *semiplena*, puisqu'il fallait, pour sa validité, et pour être utile l'adjonction d'*adminicula* qui venaient prouver et corroborer son contenu.

Si la lettre à elle seule ne suffisait pas pour établir la filiation, il n'en fut pas de même pour les fiançailles. Elles pouvaient avoir lieu par tous modes *per se et coram, per internuncium, vel per epistolam* (3). Pourtant, il importe ici de faire une précision et de faire remarquer que cette règle ne fut en vigueur qu'après que la *sponsio* fut tombée en désuétude. Pendant son règne, les fiançailles ne pouvaient en effet avoir lieu qu'*inter praesentes* (4).

Pour l'acte qui les suit, le mariage, tout le monde n'est pas d'accord sur la valeur des lettres. Cette divergence tient, d'ailleurs, à la solution d'une question fort controversée parmi les interprètes. Suffit-il du *solus*

<hr>

(1) L. 29, D. 22, 3.
(2) L. 13, C. 4-19
(3) L. 4 et 18, D. *De Spons.*
(4) L. 2. *De Spons.*

consensus pour la validité du mariage, ou bien faut-il
l'accompagner de certaines cérémonies? La solution de
cette question amènera celle que je recherche. Si on
adopte le premier système, nous reconnaîtrons aux
lettres une *probatio plena;* si on se range au second
avis, cette *probatio* ne vaudra que comme commencement de preuve comme *semiplena.*

Nos anciens interprètes Cujas (1), Donneau (2), Pothier (3) soutenaient la première opinion, prenant pour
base de leur argumentation ce texte d'Ulpien : « *Nup-
tias non concubitus, sed consensus facit* (4). » Ils dé-
montraient qu'il était la reproduction fidèle de l'état de
la législation romaine sur ce point. Une constitution des
empereurs Théodose et Valentinien (5) vient confirmer
la déclaration d'Ulpien et rendre compréhensibles les
novelles de Léon le Philosophe (6) et de Justinien (7),
dont on ne saurait autrement saisir le sens. Des auteurs
modernes ont adopté ce système; mais, plus heureux que
leurs devanciers, ils ont pu encore ajouter des arguments nouveaux. Un autre texte d'Ulpien (8) vient démontrer que cette décision n'a pu échapper à l'attention
des compilateurs et donne l'explication d'une loi dont
le jurisconsulte Paul (9) était l'auteur et qu'on ne pour-

(1) Cujas. *Parat.,* in 1., C. 5, 4.
(2) Donneau. *Com. jure civ.,* L. 13, C. 18, n° 2 et C. 20, n°s 1 à 4.
(3) Pothier. *Pandectes. — De Ritu nuptiarum,* n°s 5 et suiv.
(4) L. 30, D. 50-17.
(5) L. 22, C. 5, 4.
(6) *Novelle,* 89.
(7) *Novelle,* 74, ch. 4 et 5.
(8) L. 15, D. 35, 1.
(9) L. 7, D. 23, 2.

rait différemment entendre : « Une femme peut avoir une dot, ce qui suppose bien qu'elle est mariée, et pourtant être vierge. » De l'étude de ces textes, ils tirent cette conclusion, que le mariage se faisait à Rome *solo consensu*.

Les partisans de l'autre système (1) soutiennent au contraire qu'à Rome le consentement des parties ne pouvait suffire et qu'il fallait encore, pour apporter la preuve de l'existence du mariage, qu'il y ait eu, sinon *concubitus*, tout au moins un acte matériel rendant non équivoque la volonté des parties, et en particulier celle de la femme. « *Vir absens*, dit Paul, *uxorem ducere potest;* « *femina, absens nubere non potest* (2). » Ainsi, un homme domicilié à Rome peut se marier pendant son absence avec une femme présente à Rome, tandis qu'une femme habitant hors du domicile de son mari n'est valablement mariée qu'après avoir été mise à sa disposition, conduite par exemple *in domum mariti*. Cette distinction, qui fait l'objet du texte tiré de Paul (3), expliquerait d'après ces interprètes le fragment où Paul (4) prétend que la femme mariée peut être vierge et celui d'Ulpien (5) d'après lequel la cohabitation ne fait pas le mariage, mais seulement le *consensus*.

Cette opinion me paraît être la véritable. Sans entrer dans tous les détails et donner tous les arguments qu'ont

(1) Accarias, Demangeat, Glasson, Labbé, Machelard.
(2) *Sentences*, 8, 11, 19.
(3) *Ibid*.
(4) L. 7, D. 23, 2.
(5) L. 15, D. 35, 1.

fait valoir les partisans de ce système, il convient, à mon avis, de citer *in extenso* un texte de Pomponius, qui tranche la question en ce sens, et qui, comparé aux fragments déjà cités, enlève tous doutes sur leur interprétation et leur véritable sens : « Une femme, dit ce « jurisconsulte, peut se marier avec un homme absent, « soit *par lettres*, soit par envoyé, si elle a été conduite « dans la maison, mais si c'est elle qui est absente, ni « la lettre ni l'envoyé ne peuvent suffire pour former « le mariage, car il faut qu'elle soit conduite dans le do- « micile du mari et non dans celui de l'épouse (1). »

Si donc, nous admettons avec Pomponius que pour la validité du mariage à Rome il fallait à la fois le consentement des parties et une certaine réalisation de leur volonté, il faudra en conclure que dans le cas où une contestation s'élevait sur le point de savoir si les *justæ nuptiæ* existaient entre deux personnes, les lettres émanées de ces personnes ne suffisaient pas pour donner la preuve de leur existence, et il fallait encore des *adminicula* qui vinssent la compléter en déclarant que la volonté des parties a été suivie d'effet de la part de la femme.

Dans le cas où on ne pouvait produire que des lettres à l'appui de la contestation, elles établissaient des présomptions qui, ajoutées à celles qui déjà existaient, permettaient au juge de former sa conviction.

Justinien fut l'instigateur d'une réforme qui, adoptée

(1) L. 5, D. 23, 2.

plus tard devait faire cesser cette source si abondante de contestations. Pour la validité du mariage, il faudra la rédaction d'un *instrumentum dotale* ou bien un acte dressé par le *défensor ecclesiæ* en présence de trois clercs. Cette excellente mesure ne produisit pas les effets qu'on en pouvait attendre, car en lisant le texte lui-même de la novelle (1) qui proclame ces règles, nous trouvons cette restriction fâcheuse, que cette innovation n'était exigée que pour certains dignitaires. Donc, même sous Justinien, les choses restaient en l'état, et faute d'acte enregistrant le mariage, il fallait, en cas de contestation, recourir à la preuve testimoniale ou à la preuve écrite. Nous savons quel était le rôle de la lettre dans ce cas ; je n'y reviens plus.

Pour le divorce, l'emploi de la lettre sert non-seulement *ad probationem sed ad solennitatem* (2). Selon le gré des parties, le divorce ne peut plus intervenir s'il n'y avait eu un *libellus* (3) *repudii* signé par sept témoins (4). Donc, dans ce cas, si les témoins n'ont pas signé le *libellus*, il servira, comme pour le mariage, de commencement de preuve et, ajouté à des *adminicula*, il entraînera dans certains cas la conviction du juge.

Dans les mêmes conditions et accompagnée de la signature des témoins, la lettre pouvait aussi servir aux

(1) *Novelles*, 74, ch. 4 et 5. — *Novelles*, 117, ch. 4.
(2) L. 1 § 1, D. 38, 11.
(3) L. 8, Pr , C. 5, 17.
(4) L. 9, D. 24. 2.

esclaves pour justifier leur mise en liberté et leur affranchissement (1).

Des explications précédentes, je puis donc tirer cette conclusion, que dans les questions d'État les lettres ont joué à Rome un grand rôle. Comme preuve, elles ont pu servir, tantôt de *probatio plena*, tantôt de *probatio semiplena* ; comme acte, elles ont été exigées *ad solennitatem* dans certains cas, par exemple dans le divorce.

(B). — MATIÈRES CRIMINELLES

En matière criminelle, les lettres pouvaient être produites en justice à l'appui d'une accusation. Ce mode de preuves devait être souvent employé, puisque l'accusateur nanti d'un mandat du préteur pouvait saisir chez l'accusé toutes pièces et papiers pouvant être utiles à l'action de la justice (2).

En remontant dans le cours des âges, on trouve des exemples célèbres. C'est après avoir lu les lettres que les fils de Brutus avaient adressées aux Tarquins, que le père les condamna à mort (5). La culpabilité de Lentu-

(1) *Inst.*, 1, L. 5 — L. 1. 1, C. 7, 6.
(2) Sigonius. *De pub. jud.*, cap. 16.
(3) Diony. *Halic.*, L. V Plutarque. *Vita Publicolæ.*

lus (1), celle de Théodore et d'Hilaire (2) fut prouvée
par leurs correspondances. C'est aussi en s'appuyant
sur les lettres et papiers domestiques de Verrès, que
Cicéron soutint l'accusation dirigée contre lui (3).

N'aurions-nous pas ces exemples si concluants, que
les textes suffiraient pour confirmer notre assertion (4).
A Rome, tous les genres de preuves étaient d'ailleurs
employés en matière criminelle, les textes, les *quœstio-
nes* et les *tabulœ*. C'est dans cette dernière classe
qu'on rangeait la correspondance. Les empereurs trou-
vèrent souvent dans ces écrits les moyens de sévir contre ceux qui pouvaient les embarrasser.

On interceptait les courriers du temps de Cicéron (5)
pour connaitre le contenu des dépêches. Sous les empereurs, ce procédé fut suivi et très-souvent mis en
pratique ; il permettait ainsi de dévoiler les secrets
qu'on avait intérêt à tenir cachés et qui leur servaient
d'armes contre leurs ennemis et contre ceux dont ils
convoitaient les biens et les richesses.

(1) Salluste. *Catillina*, nos 81 et 5.
(2) Id. *Marcellus*, L. XXIV.
(3) Cicero. *In Verrem*, II, 65 et 66.
(4) L. 25, C. *De Prob.*, — L. 22, C. *Ad legem Corneliam*, — L. 15,
C. *De fide Instrum.*
(5) Cicero. *Ad Att*, VII, 9.

DROIT FRANÇAIS

PREMIÈRE PARTIE

De l'inviolabilité du secret des lettres.

SECTION PREMIÈRE

Du principe, de ses conséquences et de son histoire.

Je considère le sujet traité dans cette première partie comme la préface indispensable à toute la matière. Les difficultés relatives aux lettres missives varient, en effet, selon l'influence exercée par le principe de l'inviolabilité du secret des lettres. Faut-il l'appliquer, les solutions changent; les règles de droit commun disparaissent pour faire place à de nombreuses et importantes exceptions.

L'on verra notamment, par la suite de cette étude, son rôle considérable dans les questions qui touchent à la propriété des lettres missives et à leur production en justice.

Combiné avec les principes généraux sur la propriété, il la modifie, restreint ses attributs, en change même sa nature; combiné avec ceux qui régissent la matière des preuves, il y apporte des dérogations telles que le plus souvent il annihile leur force et leur valeur et permet d'opposer utilement à la demande une fin de non recevoir.

Le droit que fait naître ce principe aurait toujours dû rentrer dans la classe de ceux que l'on appelle les droits naturels. La lettre est, en effet, l'expression écrite de notre pensée, et, comme elle, comme toutes les émanations de notre for intérieur, elle aurait dû être inviolable. En vertu de quels pouvoirs souverains voulez-vous pénétrer dans ma personne intime, dans ce moi qui me fait homme? Quelle est la puissance assez forte pour extraire de ma pensée ce qu'elle veut tenir caché, pour faire déchirer le voile qui la recouvre et la protège? On l'a pourtant fait : on a ouvert des lettres. L'art de ramollir les cachets a eu son existence ; le cabinet noir a fait ses victimes ; l'art du décachetage a été de mode et même pratiqué par les grandes dames (1). De nos jours on a essayé de fermer la

(1) Alfred de Musset. *La Mouche.*

porte à de pareils abus en reconnaissant législativement le droit à l'inviolabilité du secret des lettres.

L'honneur d'avoir inscrit pour la première fois ce principe sur la liste des droits naturels revient à l'Assemblée nationale. Inconnu en Droit romain, bien qu'un homme de génie, vers la fin de la République, en ait pressenti l'existence; inconnu dans ce qu'on est convenu d'appeler notre ancien Droit, il fut proclamé par décret du 10 août 1790, à la suite de circonstances particulières que je vais faire connaître.

La municipalité de Saint-Aubin, trop fidèle aux errements des temps passés, avait fait arrêter un courrier chargé de porter des dépêches destinées au ministre des affaires étrangères d'Espagne. L'Assemblée constituante ayant eu connaissance de cet acte si peu en rapport avec ses idées et ses théories, s'émut et improuva la conduite des membres de la municipalité de Saint-Aubin, « considérant que le secret des « lettres est inviolable, et que, sous aucun prétexte, « il ne peut y être porté atteinte, ni par les individus, « ni par les corps (1). »

Les préjugés, toujours si puissants, empêchèrent cet axiome de vérité de pénétrer rapidement dans les mœurs, et mirent, quelques mois après, la même Assemblée (2) dans l'obligation de rappeler aux corps administratifs l'existence du décret de 1790 et d'en ordonner son exécution rigoureuse.

(1) Décret des 10-24 août 1790.
(2) Décret du 10 juillet 1791.

Depuis cette époque, toutes les législations qui se sont succédées en France ont apporté une sanction à l'exécution de ce principe, différente suivant les temps, mais toujours sévère. La loi du 25 septembre 1791 (1), et le Code de brumaire an IV (2), punissaient le délinquant de la dégradation civique; en 1810, une réaction s'étant produite sur ce point, la peine de l'amende seule servit de réparation à l'infraction commise par les fonctionnaires ou agents du gouvernement (3). L'article 187, modifié lors de la révision de notre Code, en 1832, prononce à la fois la peine de l'amende et celle de l'emprisonnement; on revint ainsi aux principes des Codes de septembre et de brumaire, tout en mitigeant pourtant la sévérité de la peine.

La législation française n'est pas la seule qui reconnaisse et sanctionne ce droit. En 1867, le législateur autrichien, proclamant les droits généraux des citoyens de l'empire, n'oubliait pas dans son énumération le droit à l'inviolabilité du secret des lettres (4), qui recevait une sanction trois ans plus tard (5). Lors de la révision du Code pénal allemand, on a eu aussi le soin de consacrer des articles spéciaux de loi à la reconnaissance et à la sanction de ce droit (6).

Mais, chez ces peuples comme chez nous, la sanc-

(1) Art. 23, part. 2, tit. 5, sect. 3.
(2) Art. 638.
(3) Art. 187.
(4) L. 21, décembre 1867, art. 10.
(5) L. 6 avril 1870.
(6) § 299, 354 et 355.

tion n'est pas générale et ne s'applique qu'aux fonctionnaires qui ont violé le secret. Immunité complète est dès lors accordée aux particuliers qui pourraient, sans encourir aucune peine, les publier, les produire en justice et abuser ainsi de leur contenu.

Ce résultat a attiré l'attention des magistrats qui ont fait la loi en cette matière ; par leurs sentences, ils ont obligé les particuliers à respecter le secret contenu dans les lettres dont ils étaient possesseurs.

Le mal avait donc reçu un remède ; toute personne lésée par la révélation de faits contenus dans une lettre pouvait demander réparation aux juges et recevait satisfaction. La lettre devait rester secrète entre l'auteur et le destinataire qui, après la lecture, était forcé d'en méconnaître le contenu.

Ainsi, on évitait bien un écueil, mais on tombait bientôt dans un autre. Cette lettre pouvait, dans certains cas, ne contenir aucune confidence, être relative à des actes que l'auteur n'avait aucun intérêt à tenir cachés ; sa divulgation ne lésait alors personne et l'on retirait peut-être au juge la seule lumière possible pour discerner le juste et l'injuste et entraîner sa religion.

La jurisprudence ayant pris en considération cet état de choses, a adopté un système qui respecte le principe de l'inviolabilité dû au secret des lettres et ne porte point obstacle, hors les cas d'absolue nécessité, au libre cours de la justice. Selon que les lettres revêtent ou non le caractère confidentiel, on appliquera des principes différents. Si on se trouve en présence d'une lettre confidentielle, on devra, à raison du principe « d'honnêteté et de morale » que j'étudie, restreindre ses effets et ses attributs, protéger l'auteur contre les divulgations du destinataire ou des tiers; si, au contraire, la lettre ne revêt point ce caractère, le destinataire aura tous pouvoirs sur elle; le juge pourra en faire usage et se servir de son contenu.

Cette classification, œuvre de sagesse et de raison, mérite à tous égards les suffrages des jurisconsultes.

SECTION II

A quel signe peut-on reconnaître le caractère confidentiel d'une lettre ?

La jurisprudence ayant établi la distinction que je viens de faire connaître, devait rechercher un *criterium* pour permettre de discerner, *à priori*, la lettre confidentielle de celle qui ne l'était pas. Elle ne l'a point fait, avec raison à mon avis, car il est impossible en cette matière de poser des règles générales, chaque espèce variant et réclamant des solutions différentes.

Il y a bien des présomptions dont on doit tenir compte et que M. Vanier, juge au tribunal de Cherbourg (1) a essayé de classer, mais elles ne permettent pas d'éta-

____

(1) Vanier. *Revue pratique*, 1866.

blir des principes certains. Ainsi, j'admets bien avec
cet auteur que les lettres échangées entre commerçants
doivent être regardées comme non confidentielles, tandis qu'on doit réputer revêtues du caractère contraire
celles qui sont échangées entre les membres d'une même
famille et entre savants, mais les exceptions qu'on doit
apporter à ces règles sont si nombreuses qu'elles les
rendent inutiles.

Encore, les lettres entre commerçants, écrites à raison
de leur commerce, ne sont pas confidentielles d'après
M. Vanier : est-ce toujours vrai ? Paul, négociant à
Toulouse, informe un de ses confrères de Paris qu'il
doit recevoir d'Espagne mille quintaux de tabac, qu'il
lui expédiera dans quelques jours. Cette lettre, bien
qu'intervenue entre commerçants, n'est-elle pas confidentielle ? Voilà donc un exemple qui déjà apporte
une exception à la première règle.

Les lettres entre savants sont-elles aussi toujours
réputées confidentielles ? Edison écrit à un professeur
de la Faculté des Sciences de Paris qu'il vient de
découvrir un appareil permettant de diminuer à volonté l'intensité de la lumière électrique, cette lettre
est confidentielle ; il y a là certes un secret que le destinataire ne peut divulguer sans s'exposer à des pour-
suites en dommages.

Mais supposons que cette lettre, écrite il y a quelques mois, l'ait été le 18 novembre, c'est-à-dire après
que le public a pu voir et admirer son invention à
l'exposition d'électricité, cette lettre est-elle dès lors

confidentielle ? Nul n'oserait répondre affirmativement
à cette question.

Il n'est pas utile, ce me semble, d'ajouter d'autres
exemples pour démontrer qu'il n'est guère possible
d'admettre des présomptions bien sérieuses en cette
matière, le temps, le lieu, toutes les circonstances
pouvant modifier le vrai caractère de la lettre.

La jurisprudence a été fort sage sur ce point. Prenant pour point de départ ces dernières considérations,
elle a regardé les difficultés pouvant se produire en
cette matière comme rentrant dans le domaine des
faits, et a laissé au tribunaux tous pouvoirs discrétion-
naires pour juger le caractère véritable d'une lettre
produite en justice. Leur solution est en dernier ressort et ne permet pas de débattre ce point devant la
Cour de cassation.

J'ai mis à dessein ce dernier membre de phrase,
car en 1873 l'on éleva une prétention nouvelle et on
essaya de soutenir que le secret des lettres étant d'ordre public, sa violation devait donner lieu à un pourvoi. Donc, la Cour suprême aurait dû examiner le
caractère de la lettre pour décider si la Cour d'appel
avait violé le principe du secret des lettres, principe
d'ordre public.

La Cour de cassation repoussa cette prétention « au-
« cune loi n'imposant expressément aux Cours l'o-
« bligation de rejeter les lettres produites devant
« elles (1). »

(1) Cass., 3 février 1873, P. 73. 777.

Cette thèse avait antérieurement d'ailleurs trouvé
des partisans. Merlin (1) et quelques arrêts (2) l'avaient
d'abord défendue ; depuis elle était devenue celle de la
majorité des auteurs (3) et de la jurisprudence (4). Les
Cours sont libres d'admettre ou de rejeter les lettres produites en justice, sauf, en cas de doute sur leur véritable caractère, à se prononcer en faveur du caractère
confidentiel (5).

Ces principes reconnus, il reste maintenant à savoir
quels moyens d'instruction les tribunaux devront employer pour juger le caractère de la lettre.

SECTION III

**Moyens d'instruction que doivent employer
les tribunaux pour apprécier le caractère
d'une lettre.**

Cette question est fort délicate. Si on suit, en effet,
la voie ordinaire : la lecture en audience publique et
la communication aux parties, on tombe dans l'écueil
que l'on voulait éviter, la publicité de la lettre confi-

(1) Rép. *Lettres*, VI.
(2) 2 novembre 1830, P. 30 — 31 mai 1842, P. 42 — 5 mai 1858, P. 58, 345.
(3) Larombière, 1335, nº 4. — Aubry et Rau, VIII § 760 *ter*. — Demolombe, XXIX, nº 664. — Rousseau, nº 84. — Hupp. *De la Corr. privée*,
nº 84. — Vanier. *Loco citato*, p. 82.
(4) Req., 31 mai 1842, P. 42, 2, 645. — Cass., 5 mai 1858, P. 59, 326.
— Cass., 3 février 1873, P. 777. — Cass., 13 novembre 1876, P. 78, 510.
— Cass., 9 février 1881, P. 81. 181. — Toulouse, 6 juillet 1880, P. 81. 673.
(5) Nancy, 11 mars 1869. P. 69, 570.

dentielle; si, écartant cette procédure, l'on procède secrètement, l'on viole toutes les règles relatives à la publicité des audiences et le principe qui veut que tout débat soit contradictoire.

La Cour de Rennes (1), suivant la procédure imaginée par le tribunal civil de cette même ville, a adopté le premier moyen (2). Pas de lecture à l'audience, pas de communication aux *parties qui ne possèdent point les lettres* : le tribunal à huis-clos, hors de la présence des parties, lit les lettres, les examine, et selon les cas admet ou rejette leur production; ces mesures, dit la Cour, « sont seules compatibles avec la nature d'examen auquel les juges ont besoin de se livrer, ne sont pas contraires à la loi, ne causent aucun préjudice à personne, sauvegardent les droits et les intérêts les plus respectables des parties en cause. »

La Cour de Toulouse (5) se prononçait quatre jours auparavant pour une solution toute opposée; elle admet bien que le tribunal prenne connaissance, en chambre du Conseil, du contenu des lettres que l'on veut produire, mais il faut que le débat soit contradictoire et, dans ce but, elle autorise les parties, après dépôt des lettres au greffe, à en prendre communication et copie. Ainsi, on juge sans publicité le point de savoir si les lettres

---

(1) Rennes, 10 juillet 1880, P. 81, p. 484.

(2) *Sic* Vanier. *Revue pratique de droit français,* t. XXI, p. 95. — De Belleyme. *Ord. sur requêtes et référés,* v° *Testament,* p. 360.

(3) Toulouse, 10 juillet 1880, P. 81, p. 673. Rendu sous la présidence de M. de Saint-Gresse.

produites sont confidentielles et l'on respecte les règles générales du droit, qui exigent que tout débat soit contradictoire (1).

L'on se pourvut en Cassation contre l'arrêt de la Cour de Rennes. La Chambre des requêtes, appelée à donner son avis, se trouvait donc en présence des deux arrêts que je viens de citer : celui de la Cour de Rennes et celui de la Cour de Toulouse. Elle opta pour la première solution, mais en ayant le soin de réfuter l'argument présenté par la Cour de Toulouse, tiré de la violation portée par cette décision au principe de la publicité des débats :

« Attendu , lit-on dans les considérants de cet
« arrêt (2), que la Cour de Rennes a pu, sans violer
« les règles sur la liberté de la défense et la publicité
« des débats, ordonner, pour se former une pleine et
« entière conviction, que les pièces litigieuses lui
« seraient soumises dans la chambre du Conseil,
« sans communication préalable, alors que cette com-
« munication était précisément l'objet de la contesta-
« tion au fond; que les juges, en pareil cas, étant
« forcés de recourir à un mode d'instruction de nature
« à ne point compromettre les droits qu'ils avaient à
« apprécier, ne pouvaient autoriser, à titre de mesure
« préalable, une communication qui aurait constitué
« par elle-même le rejet définitif d'une demande sur

______

(1) *Sic* Fabreguettes. Réquisitoire, 10 juillet 1880. — J. le *Droit*, 12 septembre 1881.

(2) Req., 9 février 1881, P. 81, 485.

« laquelle ils se réservaient de statuer ultérieurement;
« qu'ils n'ont fait d'ailleurs qu'indiquer un mode de
« vérification personnelle rendue nécessaire par des
« débats publics et contradictoires. »

« Cette procédure est-elle régulière? » Question que
M. Labbé (1) a cherché à résoudre. Elle apporte, dit ce
savant auteur, une exception au principe qu'en matière
contentieuse tout débat doit être public et contradictoire. Or, cette exception n'existe pas dans la loi;
est-elle donc utile, conforme aux principes juridiques
qui sont en vigueur?

En présence des règles générales, il semble que
non. La loi veut, en effet, que tout débat soit contradictoire. Le juge fait-il une descente sur les lieux du
litige, les parties intéressées doivent être averties (2).
Y a-t-il de la part d'une partie en cause demande d'in-
terrogatoire sur faits et articles, elle ne peut avoir lieu
qu'après requête contenant les faits et par jugement
rendu à l'audience (3).

Admettre une solution contraire, c'est donc déroger
aux règles générales « pour aboutir d'ailleurs à un
« assez mince résultat. Dans l'affaire dont la Cour de
« Toulouse a été saisie, un débat long et passionné a
« expliqué en gros le contenu de la correspondance.....
« Le scandale est à peu près aussi grand que pos-
« sible..... Le fond était connu, la forme seule

(1) Labbé. P. 81, p. 182.
(2) *Sic* Labbé et art. 41 et 299 du C. de proc.
(3) *Sic* Labbé et art. 325 du C. de proc.

« restait à sauver. Est-ce la peine de faire sortir la
« justice de ses voies habituelles (1)? »

Après une mûre réflexion sur les arguments présen-
tés de part et d'autre, cette dernière opinion doit, à
mon avis, l'emporter. Une lettre est, en effet, un mode
de témoignage spécial et certain; elle est la traduction
fidèle de notre pensée. Or, de même qu'il y a des témoins qu'on ne doit pas interroger, à qui la loi impose de ne point faire connaître par la parole leur
propre pensée, de même il y a des lettres qu'on ne
doit point livrer à la publicité. Ces dernières ne seront
donc pas lues à l'audience, mais les parties en auront
pris connaissance et pourront proposer par toutes
voies utiles leurs moyens de défense. Ainsi, le principe de l'inviolabilité dû au secret des lettres sera
respecté et celui de la contradiction entre parties
n'aura reçu aucune dérogation. Cette solution, conforme aux principes, me paraît la meilleure, et je ne
doute pas que la Cour de cassation, séduite tout d'a-
bord par le système de la Cour de Rennes, ne revienne
plus tard sur sa première jurisprudence.

(1) Labbé. *Loco citato.*

DEUXIÈME PARTIE

Des droits que font naître les lettres missives et dont peuvent bénéficier les diverses personnes juridiques.

La plupart des auteurs qui ont écrit sur cette matière, ont placé les questions dont l'ensemble va constituer cette deuxième partie, sous cette rubrique : « *De la propriété des lettres missives.* » Ce titre ne me paraît pas en harmonie parfaite avec l'objet de l'étude qui comprend, non-seulement les règles relatives au droit de propriété pur et simple, mais encore celles qui ont trait aux droits ou obligations engendrés par les rapports qui s'établissent par lettres entre les diverses personnes juridiques : les parties, les successeurs, les ayants-cause et les tiers. Je propose donc ce titre plus général et, à mon avis, mieux approprié au sujet traité : « *Des droits que font naître les lettres et dont peuvent bénéficier les diverses personnes juridiques.* »

CHAPITRE PREMIER

Des parties.

Par l'expression que je place à la tête de ce chapitre, il faut entendre l'auteur de la lettre appelé *expéditeur*, et celui qui la reçoit appelé *destinataire*.

L'expéditeur, en possession de la lettre qu'il a
écrite, la transmet, selon son gré, par l'intermédiaire
d'un tiers ou de la poste, au destinataire. Possesseur
d'un objet matériel, il s'en dépouille pour le remettre
entre les mains d'une tierce personne, que le seul
fait de la possession fait présumer propriétaire de
l'objet.

Le destinataire, donc, par la remise de la lettre, par
le dessaisissement de l'auteur en sa faveur, acquiert la
propriété de la lettre, règle conforme à nos principes
juridiques et admise dans toutes les législations (1).

Il ne faut pourtant pas oublier qu'il est toute une
catégorie de lettres appelées lettres confidentielles, pour
lesquelles l'on conteste ces principes. L'inviolabilité
du secret des lettres, reconnu par la jurisprudence,

____

(1) L. 65, D., *De acq. rer. dom.* — Merlin. *Rép. Vente* § 1 art. 8. —
IV. Troplong. *Vente*, n° 24. — Bonnier. *Preuves*, II, 694. — Larombière,
§ 700 art. 1331. — Rousseau. *Corresp.*, n°s 5, 6, 14. — Aubry et Rau, VIII
§ 700 *ter.* — Vanier. *Rev. pratique*, XXI, p. 882. — Cass , 4 avril 1821.
— Cass., 10 décembre 1850, P. 51, 251.

apporte même en cette matière de telles modifications qu'on a été jusqu'à soutenir que le destinataire d'une lettre confidentielle n'en était pas le vrai et seul propriétaire (1).

En présence de cette divergence parmi les jurisconsultes, il me paraît utile, pour donner de la clarté au sujet que j'expose, de traiter à part les deux cas susceptibles de se présenter en pratique : 1° celui où la lettre revêt le caractère confidentiel ; 2° celui où elle est dénuée de ce caractère.

SECTION PREMIÈRE

Des lettres non confidentielles.

§ 1er. — Des règles générales.

La lettre non confidentielle appartient, ainsi que je viens de le dire, au destinataire. Dès que l'auteur l'a jetée à la poste, ou bien a chargé un tiers de la lui remettre, il en est le seul et unique propriétaire. Si elle vient à être volée, c'est lui qui a le droit d'intenter l'action en dommages, de la revendiquer entre les mains d'un tiers, de poursuivre même l'auteur, si le détournement provient de son fait.

Telle est l'hypothèse la plus ordinaire ; mais, aux

____

(1) V. *Suprà.*

droits conférés au destinataire et en faveur duquel on a établi ces présomptions, l'auteur peut apporter des exceptions, créer lui-même les attributs du droit de propriété qu'il confère.

La lettre, œuvre de son auteur, est, en effet, sa propriété personnelle : c'est lui qui en établit les droits, qui désigne la personne qui doit en jouir, qui est, pour tout dire, le maître absolu. Tant qu'elle reste entre ses mains, il a sur elle les droits les plus étendus : il la brûle, la déchire, en change le contenu, la rectifie, en fait tel usage qui lui convient, sans que ses actes puissent être répréhensibles, donner lieu à une action contre lui.

En la transmettant à une personne tierce, il se dépouille en sa faveur ; mais il peut, selon son gré, lui imposer des conditions présumées tacitement acceptées par le destinataire, qui garde le silence (1). Donc, il transmet *animo donandi* (2) l'œuvre de sa pensée et, comme tout donateur, livre sa propriété avec ou sans conditions. Dans ces deux hypothèses, les pouvoirs du destinataire varient ; dans la première, ils reposent sur des présomptions ; dans la seconde, ils sont l'émanation de la volonté de l'expéditeur.

(1) Labbé. P. 81, p. 451.
(2) Toulouse, 6 juillet 1880, P. 81, 673.

§ 2. — La lettre contient des dispositions formelles imposées par l'auteur.

Dans ce cas, le destinataire, par l'acceptation de la lettre, est censé, ainsi que je viens de le dire, avoir adhéré aux propositions et doit les respecter. S'il ne s'y conforme pas, la justice devra faire exécuter les conventions, accorder des dommages, s'il y a lieu, ordonner la remise à l'auteur, s'il l'a demandée, sa destruction, si telle est la clause imposée, mettre le destinataire dans l'obligation de faire droit aux exigences de l'auteur.

Les conditions remplies, le droit commun reprend son empire et les présomptions établies en cette matière reparaissent avec toutes leurs conséquences.

§ 3. — L'auteur n'a imposé aucune condition.

Le destinataire a dès lors tous les droits reconnus au possesseur d'un objet mobilier : le *jus utendi, fruendi, abutendi*; il n'est pas tenu de la restituer, peut s'en servir en justice pour défendre ses droits, ses intérêts et son honneur, la détruire, la transmettre à ses héritiers ou ayants-cause, à des tiers, enfin la publier (1).

Ce dernier point, le droit à la publication, n'est pas

(1) Rousseau. *Corr.*, n° 22. — Vanier. *Loc. cit.*, p. 01.

admis par tous les auteurs. M. l'avocat-général Fabreguettes (1), traitant le sujet dont je m'occupe, dans
un réquisitoire où (2) se trouve résumée l'analyse
de cette matière, disait : « Je ne pense pas que le
« droit d'usage appartenant au destinataire, puisse
« aller jusqu'à permettre la publication d'une corres-
« pondance contre le gré de son auteur. Avec M. Re-
« nouard (3), je crois qu'une lettre est écrite pour être
« lue et non pour être publiée; autre chose est la pro-
« duction en justice, autre chose est la publication par
« la voie de l'impression et de la distribution. L'auteur
« d'une lettre n'a pas voulu, en effet, conférer une
« propriété exploitable, abdiquer tout droit de pro-
« priété personnelle et livrer ainsi à tout un public un
« produit de sa pensée. » Et, suivant cette voie, il décide avec la Cour d'Angers (4) « *que sur saisie prati-*
« *quée par des créanciers, on ne doit pas ordonner*
« *la vente aux enchères des lettres missives trouvées*
« *chez le débiteur.* »

Cette opinion (5) a trouvé de l'écho chez nos voisins.
En Angleterre, l'on fit défense d'imprimer les lettres
de Pope et de Swift, qui n'avaient point donné leur
consentement; on empêcha la publication de celles que
lord Chesterfield (6) écrivait à son fils; la loi russe (7)

(1) Aujourd'hui procureur général près la Cour de Nîmes.
(2) Droit du 12 septembre 1881.
(3) *Traité des droits d'auteur*, t. II, n° 169.
(4) Angers, 4 février 1869, P. 69, 1144.
(5) Dalloz. *Lettres missives*, n° 9.
(6) *Sic* Renouard. *Loc. cit.*
(7) Id. *Ibid.*

ne l'autorise qu'avec le double consentement du destinataire et de l'auteur.

Cette thèse est, en effet, la seule morale, la seule conforme aux principes juridiques. L'auteur, en transmettant la lettre sans conditions, a entendu conserver le droit à la non publication de cet écrit, œuvre de sa pensée intime et qu'on ne saurait impunément dévoiler sans son consentement. Admettre une présomption contraire, ce serait permettre l'accomplissement d'actes blâmables auxquels le destinataire n'aurait aucun autre intérêt et le plus souvent d'autre mobile que la vengeance, d'autre but que de commettre une mauvaise action.

Ne doit-on pas, d'ailleurs, tenir compte des règles sur le droit de propriété littéraire? Le droit de publication ne rentre-t-il pas dans cet ensemble de droits qui constituent la propriété littéraire?

Les adversaires (1) de cette thèse reconnaissent ce dernier point; mais, par la remise de la lettre, ils considèrent l'expéditeur comme ayant fait don à la fois du droit de propriété littéraire et du manuscrit « dont la détention corporelle contient à la fois le signe et la chose elle-même (2). »

A cette argumentation, il me suffira, pour y répondre, de reproduire quelques lignes de l'ouvrage de M. Laurent (3). « Ce raisonnement, y lit-on, est une vraie

(1) Rousseau. *Corr.*, n° 22. — Vanier. *Loc. cit.*, p. 91.
(2) Demolombe. XX, n°ˢ 71 et 72.
(3) Laurent. XII, n°ˢ 283.

« pétition de principes; on suppose que la propriété
« littéraire est transmise par la remise du manuscrit,
« et c'est précisément là la difficulté. » Or, la propriété
littéraire constituant un ensemble de droits incorporels,
ne peut se transmettre *animo domini*, comme la lettre
manuscrite elle-même; et, en présence du silence de
la loi sur ce point, l'on doit rentrer dans la règle et
n'admettre la transmissibilité à titre gratuit de ces
droits que si on l'a constatée par acte notarié.

L'on me dira peut-être que cette argumentation a été
présentée pour l'hypothèse où l'on avait remis un manuscrit à titre de don; que, dès lors, on ne peut assimi-
ler une lettre au manuscrit d'une œuvre littéraire.

La situation est, à mon avis, identique. Le manuscrit est en effet l'ensemble des signes extérieurs qui
permettent à un absent de prendre connaissance de la
pensée de son auteur, de conserver les idées. Dans le
manuscrit, l'on trouve à la fois l'objet matériel et l'expression de notre for intérieur, sur laquelle nulle puissance ne peut avoir droit.

La lettre contient-elle d'autres éléments? n'est-elle
pas identique? n'y a-t-il pas d'une part l'objet matériel,
le manuscrit et l'expression de la pensée de l'auteur?
Cette analogie a frappé nos jurisconsultes; aussi un
arrêt de la Cour de Dijon (1) proclame-t-il cette ressemblance et apporte-t-il un appui nouveau aux raisons que j'invoquais pour l'établir.

(1) Dijon, 18 février 1870, P. 70, 893.

Je pouvais donc me servir des arguments que présentait M. Laurent pour la discussion de la question que je signalais, arguments qui m'amènent à penser que le destinataire d'une lettre missive non confidentielle ne peut la publier sans le consentement de l'auteur, sauf le cas où celui-ci se serait formellement exprimé sur ce point.

§ 4. — Cas où la propriété de la lettre est présumée ne pas appartenir au destinataire.

Prenant pour point de départ cette idée que le destinataire créait la propriété de la lettre missive, la jurisprudence a admis, dans certaines hypothèses, une exception au principe posé par les lois romaines et nos auteurs, à savoir que le destinataire devenait le propriétaire de la lettre qu'il avait reçue. On a présumé que certaines personnes, grâce à leur qualité, entendaient, en transmettant une lettre, en conserver la propriété et mettre le destinataire dans l'obligation de la restituer.

Ainsi, le négociant et le commettant sont censés adresser leurs lettres à leurs commis-voyageurs et commissionnaires, avec cette clause qu'ils en conservent la propriété et qu'elles doivent leur être renvoyées après lecture ou usage. Deux arrêts, l'un de la Cour de Bordeaux (1), l'autre de la Cour de Douai (2), décident en

(1) Bordeaux, 12 mars 1842, P. J. G., *Lett. m.*, 8.
(2) Douai, 24 juin 1874, D. 75, 2, 05.

ce sens : « Les lettres écrites à un commis-voyageur
« ne cessent pas d'être la propriété du commettant, le-
« quel est fondé à en exiger la remise. » Cette dérogation s'explique par la faveur accordée au crédit commercial et à l'intérêt immense du commerçant à conserver
l'original même des lettres écrites à son commis.

Dans un autre ordre d'idées, on a aussi attribué la
propriété des lettres au successeur d'un commerçant,
bien que l'adresse de la lettre porte le nom du prédé-
cesseur, mais à cette condition, pourtant, qu'elle indi-
quera la qualité de l'ancien négociant et le nom de la
rue où se trouvait le fonds (1). Cette dérogation aux
principes généraux s'explique par cette présomption
que les lettres ainsi adressées sont en réalité envoyées
au propriétaire de la maison, plutôt qu'au destinataire
dont le nom se trouve sur l'adresse.

C'est aussi en adoptant les mêmes principes qu'en
1874 la cour de Rouen (2) a décidé que les papiers et
lettres d'un officier ministériel démissionnaire ou des-
titué, appartenaient de droit au successeur de l'étude
ou bien au gardien des minutes.

En cas de contestation, d'ailleurs, sur ces divers
points, je conseillerais de suivre la procédure si sage-
ment indiquée par la Cour d'Amiens (3). L'on portera
la difficulté devant le juge des référés, qui nommera
une personne de confiance ou déléguera un magistrat

(1) Cass., 10 avril 1866, P. 66, 639.
(2) Rouen, 18 août 1874, P. 76, 210.
(3) Amiens, 26 janvier 1869, P. 69, 1289.

chargé d'ouvrir la lettre en présence des intéressés, et décidera à qui des deux devra être faite la remise.

Sauf donc ces quelques exceptions, la lettre non confidentielle appartient au destinataire et ses droits seront régis par les principes généraux si l'auteur est resté muet sur ce point; par les conventions de l'auteur si elles sont exprimées dans la lettre.

SECTION DEUXIÈME

Des lettres confidentielles.

Lorsque les lettres revêtent le caractère confidentiel, le grand principe de l'inviolabilité vient encore ajouter à la restriction déjà signalée des exceptions nouvelles. Nulle loi n'en exige l'application en matière civile ; mais, ainsi que je l'ai démontré plus haut, la jurisprudence a cru devoir tenir compte, dans ses décisions, d'un principe qu'elle considère avec raison comme appartenant au domaine du droit naturel.

Le destinataire d'une lettre confidentielle a sur elle tous les droits compatibles avec ce principe et reste seulement soumis, à raison du caractère même de cet écrit, à certaines obligations qu'il est possible, d'ailleurs, de résumer en ces termes fort brefs : « Publicité interdite. »

Je dois pourtant faire remarquer que l'expéditeur étant le créateur reconnu du droit né par la remise de la lettre, peut à son gré lever cette interdiction ; ce n'est donc qu'en présence de son silence que le destinataire y reste soumis.

§ 1er. — Restrictions apportées au droit de propriété par le principe de l'inviolabilité du secret des lettres.

Le principe de l'inviolabilité du secret des lettres, reconnu par la jurisprudence, même en matière civile, s'oppose à sa publicité. D'où cette double conséquence : le possesseur d'une lettre confidentielle ne pourra ni la publier, ni la produire en justice.

a) PUBLICATION. — La publication d'une lettre, même non revêtue du caractère confidentiel, est interdite. Cette thèse, dont j'ai déjà fait ressortir les arguments invoqués en sa faveur, n'existerait pas, que nous serions obligés de l'admettre dans le cas qui nous occupe. Les partisans du système opposé l'ont en effet bien reconnu : s'ils soutiennent que la lettre non confidentielle peut être l'objet d'un droit de publication de la part du destinataire, ils n'osent étendre ce système au cas où la lettre revêt le caractère confidentiel. Je n'en veux pour preuve que le considérant d'un jugement rendu dans une espèce célèbre par le nom des parties en cause. Le tribunal de la Seine (1), sanctionnant cette théorie,

(1) Seine, 8 décembre 1864. — *Gaz. des Trib.*, 7 décembre 1864 ou *la Presse*, 13 décembre 1864.

admit que les lettres trouvées dans la succession du Père Lacordaire pouvaient être publiées par le destinataire ou son ayant-droit, mais il avait le soin d'ajouter : « Qu'en effet les lettres publiées sous le titre sus-indi- « qué n'avaient aucun caractère confidentiel. » On faisait donc une distinction et, selon le caractère de la lettre, la solution différait.

Ces principes ont été aussi consacrés dans un arrêt (1) qui fit grand bruit à l'époque de son apparition.

M. Emile de Girardin, directeur du journal *la Presse*, avait annoncé dans cette feuille la publication récente des lettres de Benjamin Constant à « la belle Madame Récamier. » Aussitôt apparaît la nièce et héritière de la « belle et jolie maîtresse » de l'orateur, Mme Lenormant, qui fait défense à notre publiciste de rendre ces lettres publiques. Le tribunal admet la prétention de Mme Lenormant. Appel de ce jugement et confirmation par la Cour de Paris, présidée alors par M. Troplong.

« Considérant, lit-on dans cet arrêt, qu'une lettre « confidentielle n'est pas une propriété pure et simple « dans les mains de celui à qui elle a été écrite; que le « secret qu'elle renferme est un dépôt dont ce dernier « ne peut seul disposer; qu'en livrant sa pensée à un « tiers, dans une correspondance, une personne peut « mettre pour condition à cet acte de confiance qu'elle « restera renfermée dans le domaine de l'intimité; que « cette condition a tous les caractères d'un pacte vérita-

(1) Paris, 10-20 décembre 1850, P. 51, 251.

« ble; qu'elle est même virtuellement renfermée dans
« toute lettre missive d'une nature confidentielle ; que si,
« contre le vœu de cette convention tacite, le secret
« d'une lettre était divulgué, ce serait non-seulement
« manquer aux engagements naturels, mais porter l'in-
« quiétude dans le commerce privé et briser un des
« liens de la société des hommes..... Considérant que
« la correspondance dont il s'agit au procès est une
« collection de lettres confidentielles ; que le destina-
« taire était lié par le pacte synallagmatique de ne les
« rendre publiques qu'avec le consentement de son au-
« teur, etc. »

« Il est impossible, dit un publiciste (1) fort célèbre
« de cette époque, de défendre les principes de la mo-
« rale avec plus de logique, de force et de vérité. »

Lorsque la lettre revêt le caractère confidentiel, il y
a en effet un principe de morale et d'honnêteté publique qui milite en faveur de cette opinion.

Après la lecture de cet arrêt, les partisans du système
qui autorise la publication des lettres confidentielles
pourraient peut-être faire remarquer que son rédacteur
a toujours pris le soin, en parlant des lettres, de les qualifier par leur caractère, et qu'en agissant ainsi il semble qu'il voulait attirer l'attention du lecteur sur ce
point ; que les lettres dans l'espèce étaient confidentielles et que la pensée de la Cour était de n'admettre la
solution de l'arrêt que pour ce cas.

____

(1) Cormenin. *Revue crit. de législation,* 1851, p. 104.

Cette objection pourrait avoir une certaine portée. Mais il suffit, pour la faire tomber, de citer les autorités sur lesquelles s'appuyait M. l'avocat-général Meynard pour défendre devant la Cour de Paris la thèse que nous soutenons et qu'adopta la Cour.

Notre opinion, disait ce magistrat, est conforme à celle de la commission de 1826 qui, chargée d'un projet de loi sur la propriété littéraire, souleva cette question. Or, les membres de cette commission ont-ils fait la distinction proposée par MM. Vanier, Rousseau et le tribunal de la Seine? Non. Un de ses membres, M. Royer-Collard, disait, en effet : « Qu'on pense par lettre ou « autrement, le droit de publication subsiste toujours « en faveur de celui qui l'a écrite. » Un autre, M. de Vatimesnil, s'exprimait dans des termes analogues et, dans son langage, on ne trouve nulle part la distinction établie par nos adversaires. Enfin, je citerai encore les pensées exprimées par M. Portalis, qui regardait cette défense comme faite en vue de la tranquillité publique.

Tels étaient les documents sur lesquels M. l'avocat-général Meynard basait sa théorie et, ainsi qu'on peut le voir dans le recueil des arrêts, la Cour confirma sur ce point ses conclusions.

Est-il donc vrai de dire maintenant que c'est à dessein que le rédacteur de l'arrêt a ajouté au mot lettres leur qualité véritable ? Il m'est impossible de le croire, impossible de me ranger à leur avis, relativement à cette distinction.

Cette dernière opinion a été brillamment défendue par

M. Pouillet dans un ouvrage récent sur la propriété littéraire. D'après cet auteur, on ne peut permettre la publication des lettres missives pour un double motif; d'abord pour ne pas violer le secret, raison qui ne s'applique qu'aux lettres confidentielles; ensuite pour ne pas donner au destinataire un droit dont l'auteur seul peut retirer profit, ce qui s'applique, on ne pourra le contredire, à la fois aux lettres confidentielles et à celles qui ne revêtent point ce caractère. Telle est aussi la décision de l'arrêt de la Cour de Toulouse qui, dans ses considérants, établit en faveur de l'auteur cette présomption qu'en la livrant, il s'est réservé le droit de publication.

Ainsi donc, à mon avis, quel que soit le caractère de la lettre, le droit de publication appartient à l'auteur, à moins que ce dernier n'en ait autrement disposé.

Je ne dois pas quitter ce sujet sans signaler une autre phase du procès qui se déroula devant la cour de Paris. La thèse de Mme Lenormant ayant triomphé en première instance, on essaya alors de soutenir que, lorsque l'auteur d'une lettre avait joué un rôle public, ses actes, comme ses écrits, appartenaient à l'histoire et qu'on ne pouvait en empêcher la publication.

A cette prétention, la Cour de Paris répondit en ces termes : « Que quelque étendus que soient les droits « de l'histoire sur les personnages qui relèvent d'elle, « ils doivent s'arrêter devant le sanctuaire du for intérieur, » et Cormenin, reproduisant, dans son langage de pamphlétaire cette même idée, disait : « C'est une plai-

« santerie d'alléguer que la grande littérature et la
« grande histoire sont bien intéressées à ce qu'on pu-
« blie, de son vivant ou après sa mort, la moindre lettre
« d'affaire ou d'amourette d'un grand homme. »

Sur ce point, je suis d'accord avec le célèbre publiciste, mais je n'irai pas jusqu'à déclarer, comme lui,
que les « quelques commérages qui nous arrivent par
la petite poste » soient inutiles à l'histoire. C'est, au
contraire, dans ces replis de l'amitié que l'on peut connaître, sinon les mœurs d'une époque, au moins
l'homme public, sa vie, ses faiblesses, son véritable caractère (1).

Mais, en faveur de l'histoire et quels que soient ses
droits, je ne crois pas que l'intérêt public puisse, dans
l'espèce, l'emporter sur les intérêts privés. Mme Lenormant, ayant-droit de Madame Récamier, avait le pouvoir de défendre la publication des lettres de Benjamin
Constant; elle l'a fait ! Moore, le célèbre poète irlandais,
fit brûler les lettres et papiers confidentiels de Byron,
c'était encore son droit ; Maurice Sand défendit la publication des lettres de sa mère sans son consentement, je
reconnais encore que tel était son pouvoir et que la volonté de l'auteur doit être respectée.

D'ailleurs, n'arrive-t-il pas un jour, une époque où
on ne lève l'interdiction de la publication ? La *Nouvelle
Revue* (2) ne vient-elle pas de publier les lettres de

____

(1) La lecture des *Lettres de Benjamin Constant à madame Récamier*
donnent la preuve de la vérité de ma remarque sur ce point.

(2) Septembre et octobre 1881.

George Sand, celles de Prosper Mérimée ? Celles de Benjamin Constant elles-même à Madame Récamier (1) ne viennent-elles pas d'être livrées à l'impression ? S'il faut même en croire une lettre que M. d'Estournelles de Constant adressait au directeur du *Temps* et que ce journal publiait le 25 octobre 1881, de nouvelles difficultés vont surgir à ce sujet, mais l'on connaîtra le contenu de ces lettres inconnues jusqu'à ce jour et autour desquelles l'on fit un si grand tapage.

La théorie soutenue devant la Cour de Paris a trouvé, en 1876, à l'époque où M. Maurice Sand défendait la publication des lettres de sa mère, un partisan convaincu et ardent dans la personne de M. Charles Bigot (2).

Pour cet auteur, la mort de l'expéditeur de la lettre doit lever toutes prohibitions. « On doit des égards aux vivants, on ne doit aux morts que la vérité. » Mais l'article dans lequel il consacre cette thèse, remarquable au point de vue littéraire, ne contient aucun argument juridique capable de démolir l'arrêt de la Cour de Paris. Il s'appuie sur des considérations de fait dont je reconnais la valeur, mais qui ne peuvent influer sur une solution juridique. Aussi devons-nous revenir au seul monument qui existe sur notre question, l'arrêt de 1851, et, comme Cormenin, louer la Cour de Paris d'une décision conforme à toutes les règles juridiques et qui défend les principes de la morale avec logique, force et vérité.

(1) Calmann Lévy, éditeur.
(2) *Revue politique et littéraire*, 1876.

b) De la production en justice. — Les parties peuvent, ainsi que je le fais observer dans la première section, produire en justice toutes les lettres non confidentielles et s'en servir comme moyens de preuve à l'appui de leurs prétentions (1). La lettre revêtant le caractère confidentiel, le principe contraire doit prévaloir. Produire une lettre, c'est en effet la livrer à la publicité et méconnaître le respect dû à l'inviolabilité du secret des lettres, que je considère comme un droit naturel.

Il ne faut pourtant pas aller trop loin dans cette voie; le droit à l'inviolabilité n'ayant reçu aucune sanction législative en matière civile, il me paraît que les tribunaux peuvent être autorisés à les admettre en justice.

En présence d'une lettre confidentielle, le point de savoir si elle doit être produite en justice appartiendrait donc aux juges : d'eux l'on devrait obtenir l'autorisation d'en faire usage à l'appui de ses prétentions.

Cette solution, bien que confirmée par la Cour de cassation, n'est pas celle de toutes les Cours d'appel.

Nous trouvons d'abord quelques arrêts qui exigent, pour la production des lettres en justice, l'autorisation de l'auteur. Le secret, lit-on dans ces décisions, étant un dépôt confié à celui qui la reçoit et dont il ne peut disposer sans la volonté du déposant (2); le lien résul-

(1) Aix, 10 février 1846, P. 46, 2, 231.
(2) Aix, 11 janvier 1850, P. 60, 707. — Besançon, 20 février 1860, P. 60, 436. — Caen, 18 janvier 1860, P. 60, 374.

tant d'une confidence ne pouvant être rompu que par la volonté réciproque des parties (1).

La première raison est contraire, ainsi qu'il sera facile de le démontrer ultérieurement, aux principes admis sur la nature des droits appartenant aux parties; quant à la seconde, elle ne saurait prévaloir en présence de considérations plus puissantes, qui militent en faveur de la solution qu'a acceptée la Cour de cassation.

Je reconnais bien, en effet, qu'il faut respecter le droit de l'auteur et en tenir compte, mais n'y aura-t-il pas des cas où le juge aura intérêt, pour la connaissance de la cause, pour éloigner la mauvaise foi d'un plaideur, sauver l'honneur ou la fortune de toute une famille, à en permettre la représentation ? L'auteur de la lettre, qui doit jeter la lumière dans tous les débats, pourrait-il impunément se faire une arme de l'inviolabilité du secret des lettres pour défendre cette protection ?

On ne l'a pas cru ; aussi, pour mettre en harmonie les principes relatifs à l'inviolabilité de la correspondance avec ces hautes considérations, on a pris un moyen terme qui donne satisfaction à tous les intérêts et à la loi. Le juge, en présence d'une lettre confidentielle produite par les parties, jugera de l'opportunité de cette production, la rejetera, s'il croit à son inutilité dans les débats, l'admettra, au contraire, s'il acquiert la convic-

____

(1) Rouen, 23 mars 1864, P. 64, 745.

tion qu'elle servira à faire triompher le juste de l'injuste.

Le premier arrêt qui a consacré cette doctrine est du 9 novembre 1850 (1). Depuis, cette jurisprudence n'a point varié. En 1842 (2), 1858 (3), 1864 (4) et 1873 (5), nouvelles décisions conformes à la première. Le juge du fait est souverain appréciateur de l'opportunité de la production d'une lettre missive en justice : tout pourvoi sur ce point doit être rejeté.

Deux Cours, celles de Dijon (6) et de Toulouse (7) se sont conformées à cette jurisprudence.

Comment le juge appréciera-t-il l'opportunité de la production de la lettre ? Cette question a fait l'objet de la section III de la première partie. Si on admet la solution de la Cour de cassation, cet examen se fera à huis-clos sans la présence des parties ni du ministère public ; si on se range au contraire à l'avis de la Cour de Toulouse, le débat aura lieu en chambre du Conseil, mais contradictoirement.

De toutes ces explications, il résulte donc que, dans le cas où la lettre est confidentielle, le destinataire ne peut s'en servir en justice sans l'autorisation de l'auteur, si on opte pour la thèse de quelques Cours d'ap-

(1) Cass., 9 novembre 1830, P. 30, à sa date.
(2) Id. 31 mai 1842, P. 1842, 2, 645.
(3) Id. 5 mai 1858, P. 59, 326.
(4) Id. 26 juillet 1864, P. 65, 51.
(5) Id. 3 février 1873, P. 73, 777.
(6) Dijon, 11 mai 1870, P. 72, 213.
(7) Toulouse, 6 juillet 1880. P. 81, 673.

pel ; sans celle de justice, si on marche sous la bannière de la Cour de cassation.

Ces restrictions apportées aux droits des parties dans le cas où la lettre est confidentielle, ont amené des discussions curieuses sur le point de savoir quel était le vrai propriétaire de la lettre et quelle était la nature de son droit. Ce point fera l'objet du § 2, qui sera le complément indispensable à ce premier chapitre.

§ 2. — Nature du droit de propriété.

Les règles que je viens d'établir relativement au droit de propriété des lettres confidentielles ont fait soulever une question législative, fertile en conséquences, et dont la solution nous permettra de résoudre un grand nombre de difficultés que nous rencontrerons dans le cours de ce travail. Puisque le destinataire n'a pas le droit d'user à son gré de la lettre mise en sa possession, en est-il le vrai et le seul propriétaire? ou bien comment expliquer les restrictions apportées à ses droits de propriétaire?

Quelques jurisconsultes se sont prononcés sur ce point; mais, je dois le dire, d'une manière indirecte. C'est en voulant expliquer la solution donnée que les rédacteurs de quelques arrêts ont essayé de trancher la difficulté, mais tous, ainsi qu'il sera facile de le voir dans l'examen qui va suivre, ne sont pas d'accord. En pratique, on arrive bien au même résultat, mais en théorie la question reste encore pendante. Dans un arrêt déjà ancien (1), la Cour de Limoges expliquait ces principes en déclarant l'expéditeur propriétaire de la lettre et le destinataire dépositaire d'un acte dont il ne pouvait faire connaître le contenu. Le déposant était présumé avoir fait le dépôt de la lettre avec cette clause que le dépositaire serait obligé de la conserver et de ne jamais dévoiler son contenu. Vingt ans plus tard, cette même Cour (2) abandonna cette thèse, aussi ne l'aurais-je citée que pour mémoire si, en 1875, la Cour de Paris (3) n'était venue en faire de nouveau mention. Comment expliquer ce système en opposition directe avec les règles reconnues par les jurisconsultes romains et par tous nos arrêts ?

Si nous interrogeons les considérants des textes jurisprudentiels qui l'ont énoncée, nous nous trouvons en présence d'un silence complet. Ils posent la règle et ne la justifient point.

Elle est, en effet, contraire non-seulement à la tradition qui, en cette matière, doit être d'un grand poids, mais encore à toutes les règles générales qui s'y attachent. En adoptant ce système, on est obligé de méconnaître que le possesseur d'un objet mobilier est le propriétaire de la lettre ; on nie le principe écrit dans l'article 2279 du Code civil ; on est obligé de lui refuser l'action de vol (4) en cas de soustraction, même si elle a

(1) Limoges, 17 juin 1824. — S. 24 ou D. R., *Lettres miss.*, 8 et 18.
(2) Limoges, 19 avril 1844, D. 45, 4, 53.
(3) Paris, 11 juin 1875, P. 75, 812.
(4) Amiens, 21 février 1830, P. 30.

été commise par l'auteur (1) ; on détruit cette présomption établie et indéniable que l'expéditeur se dépouille
en faveur du destinataire ; on rend inexplicable la défense faite aux agents postaux de remettre les lettres déjà
jetées dans la boîte ; on change tous les principes en matière de dépôt et on nie l'obligation par le dépositaire de
restituer la chose déposée. Telles sont les conséquences
où l'on devrait aboutir avec cette théorie. S'il est vrai,
d'ailleurs, que le destinataire soit un dépositaire à l'égard
de l'expéditeur, il doit la restituer à première réquisi-
tion. Or, qui oserait soutenir une pareille prétention ?

Les conséquences inadmissibles de ce système ont dû
en faire rechercher un autre. Les Cours de Besançon (2)
et de Rennes (3) en ont alors proposé un deuxième. Elles
écartent cette idée de propriété reposant sur la tête de
l'expéditeur et ne lui attribuent qu'un demi-droit, si on
peut employer cette expression : il est co-propriétaire
de la lettre. Ce droit appartient à la fois à l'expéditeur
et au destinataire ; il leur est commun, thèse qui me
paraît encore inadmissible.

Si le destinataire est co-propriétaire de la lettre, on reconnaît par là qu'il y a eu de la part de l'expéditeur trans-
mission d'un droit et d'une chose pour moitié, c'est-à-
dire une partie du droit de publicité et de fruits en faveur du destinataire. Ce résultat est possible pour les
objets divisibles de leur nature, mais tel est-il le carac-

(1) L. 14, 17, D. *De furtis.*
(2) Besançon, 30 décembre 1863, D. 63, 2-63.
(3) Rennes, 26 juin 1874, P. 75, 207.

tère de la lettre ? Peut-on soutenir avec quelque vraisemblance qu'une personne peut céder moitié du droit
de publicité, moitié du droit aux produits, moitié du
droit à la lecture ? Y a-t-il un seul texte, un seul auteur
qui ait osé justifier de pareilles conséquences ? Les partisans de ce système n'ont pu se servir de telles explications que pour quelques espèces spéciales. La Cour de
Rennes dut aussi, en 1880, l'abandonner (1) : elle revint
alors en arrière et rajeunit le fameux arrêt Récamier.

Dans ce document, se trouvent en effet les seules raisons capables d'expliquer les solutions si bizarres aux-
quelles conduit la matière de la propriété des lettres
missives.

Le destinataire d'une lettre confidentielle est bien le
propriétaire de l'écrit, droit qu'il acquiert par la trans-
mission, mais limité par ce pacte synallagmatique sous-
entendu, que le secret qui y est renfermé est un dépôt
dont il ne peut disposer. On fait bien acquérir par la remise d'une lettre la propriété, mais celle-ci est une propriété restreinte par une clause sous-entendue entre les
parties et qui ne peut être détruite que par une clause
expresse de l'auteur.

Telle était l'explication fournie en 1850 ; telle fut celle
de la Cour de Rennes en 1880. Elle change la forme,
mais le fond est le même. La propriété des lettres confidentielles est une propriété *sui generis* « réglée sui-
« vant la commune intention des parties, c'est-à-dire

« suivant l'intention de l'auteur acceptée par l'adhésion
« expresse ou tacite du destinataire. »

Je dois dire d'ailleurs que la Cour de Toulouse avait
déjà sanctionné cette thèse et que la Cour de Rennes
s'est contentée de marcher sur ses traces. On lit, en
effet, dans l'arrêt en date du 6 juillet 1880 (1) : « La
« propriété des lettres missives n'est pas une propriété
« pure et simple : sa nature implique que l'usage n'en
« est pas absolu ; dans toute lettre confidentielle, il y
« a une condition sous-entendue, c'est que celui qui
« l'a reçue ne pourra pas en faire un emploi abusatif ;
« que celui qui écrit une lettre confidentielle a dû comp-
« ter, en l'écrivant, sur le secret du destinataire. »

La vérité est bien là. Rien ne s'oppose en effet à cette
explication. Les lois romaines rendaient le destinataire
propriétaire ; notre théorie ne déroge en rien à la tradition ; nos lois donnent au possesseur d'un objet mobilier la propriété : le possesseur de la lettre en est le propriétaire. Si le destinataire n'a pas le droit de la publier,
de la produire en justice selon son gré, c'est parce qu'il
est soumis à un pacte, à une condition auquel il est
présumé avoir donné son adhésion par son silence. On
a établi cette présomption en faveur de l'expéditeur,
car des raisons de morale et d'honnêteté en faisaient un
devoir au juge.

Si on tranchait législativement la question, nous trou-
verions certainement dans l'exposé des motifs les raisons

(1) Toulouse, 6 juillet 1880, P. 81, 673.

invoquées par les trois Cours dont je viens de faire connaître les sièges et la date de leurs arrêts. La Cour de Paris a voulu remettre à neuf un vieil édifice : il pourra pendant quelques années encore avoir un certain éclat, mais en présence de la puissance des arguments de l'autre système, il ne tardera pas à s'affaiblir et finir par disparaître.

CHAPITRE II

Des successeurs à titre universel ou particulier et des ayants-cause.

SECTION PREMIÈRE

Des héritiers.

Après la mort du destinataire, qui entre en possession de la correspondance ? quelles sont les obligations de ses héritiers ? l'auteur peut-il les revendiquer si elles revêtent le caractère confidentiel ? ses propres héritiers ont-ils des droits sur la correspondance ? Les réponses à toutes ces questions ont fait l'objet de difficultés devant la justice et demandent à être étudiées avec soin ; aussi, pour mettre de l'ordre dans leur examen, j'examinerai dans un premier paragraphe la valeur des prétentions élevées par les héritiers de l'auteur, pour indiquer ensuite les droits reconnus aux héritiers du destinataire et les obligations qui leur incombent.

§ 1er. — Des héritiers de l'auteur.

Sous cette rubrique, je dois placer une première difficulté qui, bien que restreinte dans certaines limites, se rapporte à un point de droit plus général : la transmissibilité *post mortem* des lettres missives. Les héritiers de l'auteur peuvent-ils s'opposer à ce que la lettre reste, après la mort du destinataire, en la possession d'une tierce personne ou de l'un de ses héritiers?

Non, a-t-on dit, si la lettre ne revêt pas le caractère confidentiel; mais, dans l'hypothèse contraire, ils ont le droit, après le dépouillement de la correspondance adressée au destinataire, d'exiger la remise de toutes celles qui, par leur nature, sont revêtues de ce caractère. Dans l'envoi de la correspondance se trouverait sous-entendue cette clause, qu'après la mort du destinataire l'auteur ou ses héritiers rentreront en possession des lettres confidentielles.

Cette thèse est celle de MM. Belleyme (1) et Bertin (2).

Guidés par une pensée généreuse et par le désir de

---

(1) Belleyme. *Ord. sur req. et référés*, 3e édition, V. *Testament*.
(2) Bertin. *Ord. sur requête*, no 751.

sauvegarder l'honneur et la paix des familles, ces deux jurisconsultes ont décidé que les lettres confidentielles devaient être remises aux intéressés ou brûlées en leur présence. Ils énoncent leur thèse en ne donnant à l'appui d'autres raisons que celles que je viens de faire connaître.

En 1850, lors du fameux procès Récamier, on avait élevé une semblable prétention. Les héritiers de Benjamin Constant réclamaient aux héritiers de la dame Récamier les lettres reçues par cette dernière, les lettres confidentielles devant être restituées à son auteur après la mort du destinataire.

La Cour rejeta cette prétention, la lettre, quelle que soit sa nature, restant la propriété du destinataire. Cette solution est la véritable. Je reconnais bien toute la valeur des observations faites par MM. Belleyme et Bertin; les considérations qu'ils invoquent sont de nature à impressionner et à influer sur une décision, mais la solution proposée par ces auteurs est anti-juridique. Les héritiers du destinataire « succèdent *in omnem personam defuncti,* » et aucun texte de loi n'apporte d'exception pour les lettres missives. Le propriétaire de la lettre, c'est le destinataire : il l'a reçue de l'auteur *animo donandi* ; elle est entrée dans son patrimoine, et, comme tous les objets qui le composent, elle passe à ses héritiers avec obligation pour eux de prendre le lieu et la place du *de cujus,* c'est-à-dire de respecter les clauses et conventions qui ont été formées à ce sujet.

Dans un arrêt récent et déjà cité, la Cour de Toulouse (1), réformant un jugement antérieur rendu par le tribunal de Moissac (2) qui sanctionnait l'opinion de MM. Belleyme et Bertin, opta pour la solution qui, à mon avis, doit être acceptée.

La conséquence du droit de propriété, lit-on dans cet arrêt, c'est la transmissibilité aux héritiers. Nulle part la loi n'a établi un ordre particulier de successions pour les lettres missives ; elles tombent donc dans le patrimoine de l'héritier comme tout le reste de la succession. Puis l'on fait remarquer que l'auteur de la lettre a dû prévoir l'éventualité de la mort du destinataire ; qu'il y a dès lors une présomption suffisante pour croire, faute de clause expresse interdisant la transmissibilité aux héritiers, que l'auteur permettait de transmettre après la mort du destinataire sa correspondance à ses héritiers (3).

L'auteur pouvait, en effet, mettre pour condition au droit de propriété qu'il créait en faveur du destinataire, qu'à sa mort ses lettres seront brûlées ou anéanties. S'il a gardé le silence sur ce point, il y a négligence de sa part, ou bien présomption contraire à celle que MM. Belleyme et Bertin veulent établir. Les lettres passeront donc aux héritiers du destinataire, à moins de clause expresse ordonnant de les

(1) Toulouse, 6 juillet 1880, P. 81, 674.
(2) Moissac, 27 août 1879, P. 81, 674.
(3) Sic Rennes. 10 juillet 1880, P. 81, 484.

anéantir, de les brûler ou de les remettre à l'auteur ou à ses ayants-droit.

Les héritiers du destinataire, représentant sa personne, succédant à ses droits et obligations, seront tenus, comme le *de cujus*, de respecter le caractère confidentiel de la lettre; leurs droits seront, de plus, soumis aux mêmes restrictions que ceux de leur auteur. Ainsi, la jurisprudence a décidé que le destinataire d'une lettre confidentielle ne pouvait la publier sans le consentement de l'auteur ni la produire en justice sans l'adhésion du tribunal; de même les héritiers du destinaire seront obligés de respecter ces principes et de se soumettre à ces obligations : les héritiers de l'auteur pourront s'opposer à leur publication, soulever une fin de non-recevoir dans le cas où on voudrait, en les produisant en justice, les livrer à la publicité. Telle fut la décision du tribunal de première instance de la Seine (1) dans l'affaire dont nous avons si souvent parlé des héritiers Récamier contre ceux de Benjamin Constant.

§ 2. — Des héritiers du destinataire.

Les héritiers du destinataire ont donc tous les droits du *de cujus* et deviennent les propriétaires de sa correspondance; mais s'il y a plusieurs héritiers en pré-

____

(1) Seine, 8 août 1849, P. 51, 233.

sence, quels sont ceux qui rentreront en possession de ces objets? Deux hypothèses se présentent : les droits que le destinataire possède sur la correspondance étant transmissibles, il peut choisir celui qui sera appelé à lui succéder relativement à ses droits sur ces objets, ou bien garder le silence et laisser à la loi le soin de régler sa succession. Dans ce dernier cas, quel sera, s'il y a plusieurs héritiers, celui qui recevra ces objets et sera constitué gardien ?

Première hypothèse. — *Le destinataire a fait un testament dans lequel le gardien de la correspondance a été désigné.* — Si le destinataire désigne dans son testament celui qui doit recueillir dans sa succession les lettres que l'on retrouvera, celui-là en conservera la possession. Il sera obligé de se soumettre à toutes les conditions, mais pourra aussi jouir de tous les avantages qu'elles peuvent procurer. Il tient ce droit de l'auteur lui-même, puisqu'il peut les détruire ou en ordonner la destruction ; pourquoi ne pourrait-il pas les transmettre à celui qu'il croit le plus digne de recevoir un pareil dépôt ? Sa volonté sera donc exécutée et les héritiers dans l'obligation expresse de les livrer à celui qui a été nanti d'un pareil legs.

Dans un procès célèbre dont j'ai déjà parlé, le tribunal de la Seine (1) rendit un jugement qui consa-

---

(1) Seine, 8 décembre 1864, — J. la Presse, 13 décembre 1864 ou Gaz. des Trib., 7 décembre 1864.

crait cette décision. Le Père Lacordaire avait légué ses papiers, lettres et autres documents écrits à l'abbé Perreyve. La famille ayant refusé d'exécuter la volonté de Lacordaire, l'abbé Perreyve demanda aux tribunaux la délivrance de ce legs. Le tribunal de la Seine fit droit à sa demande et obligea les parents du *de cujus* à exécuter ses dispositions dernières.

DEUXIÈME HYPOTHÈSE. — *Le destinataire n'a pas fait de testament, ou, s'il en a fait un, il est resté muet sur la délivrance des lettres.* — Cette hypothèse est plus complexe que la précédente. Il peut, en effet, y avoir concours d'héritiers entre eux ; d'héritiers réservataires et de légataires universels, et enfin de divers légataires ; dans ces divers cas, qui devra recevoir la garde des lettres du *de cujus ?*

a) CONCOURS D'HÉRITIERS. — La difficulté que soulève cette espèce n'est pas nouvelle. Nos anciens auteurs discutaient la solution, et la majorité d'entre eux confiait la garde de la correspondance à l'aîné des enfants. Aujourd'hui que l'égalité entre tous les membres de la famille a été proclamée, cette solution ne peut plus être acceptée et serait contraire à tous les principes juridiques et sociaux reçus. On a essayé de la remettre en vigueur, mais la jurisprudence (1) s'y est

(1) Lyon, 20 décembre 1861, S. 62, 2, 309. — Paris, 19 mars 1861. P. 64, 247.

formellement refusée et a rejeté une prétention que repoussent même les seuls sentiments humanitaires. La question restait donc entière, il fallait la résoudre.

Le tribunal de Caen (1) et la Cour de Paris (2) ont proposé le tirage au sort. Les héritiers réunis, le sort décidera celui qui devra conserver ces objets. Cette solution séduit tout d'abord, mais ne doit-on pas craindre que le sort, souvent aveugle, n'attribue ces objets à un débauché qui serait interdit ou pourvu d'un conseil judiciaire (3)? est-elle bien pratique? ne doit-on pas tenir compte de l'intérêt qu'a l'auteur à remettre ces lettres entre les mains d'une personne sûre? ne s'oppose-t-on pas à ses intentions? En transmettant la lettre, il a donné au destinataire un droit de propriété, il l'a autorisé à la transmettre à ses héritiers, mais avec cette condition qu'après la mort elles seront remises entre les mains d'une personne digne et sur laquelle l'on puisse compter. Confier au sort le soin de désigner le dépositaire serait, le plus souvent, aller contre l'intention présumée de l'auteur.

M. Demolombe propose de faire l'application de l'article 842 du Code civil. On réunira les héritiers, qui choisiront l'un d'entre eux pour recevoir les pièces confidentielles trouvées dans la succession, et dans le cas où ils ne pourraient s'entendre sur le choix, il serait réglé par le juge.

(1) Caen, 12 mai 1830, S. 30, 3, 1101.
(2) Paris, 25 novembre 1846, P. 1846, 716.
(3) Demolombe. XV, n° 701.

Cette solution me paraît fort sage. S'ils sont tous d'accord sur la nomination du gardien des lettres confidentielles, il est à présumer que leur choix est guidé par l'honorabilité et la confiance qu'il inspire ; s'ils ne peuvent s'entendre, qui pourrait faire un meilleur choix que le juge? Il recueille tous les renseignements utiles pour nommer le plus digne, et on peut dire que rarement il n'aura pas porté ses préférences sur le plus méritant.

La Cour de Paris (1) a confirmé cette solution dans deux arrêts. Elle me paraît, en effet, la plus pratique, la plus sérieuse et la seule qui ne soit pas en contradiction avec les règles relatives à notre droit moderne.

b) Concours entre un héritier réservataire et un légataire universel ou a titre universel. — Sur ce point, le doute n'est plus possible; l'héritier réservataire, saisi de tous les biens, droits et actions du défunt, succède à toutes les choses de la succession. Le destinataire, *de cujus*, a gardé le silence relativement aux lettres qui font partie de son patrimoine, l'héritier réservataire seul doit en rester le gardien et le dépositaire. Cette solution, adoptée par Lebrun (2) et Demolombe (3), a été admise en 1880 par la Cour de Toulouse (4).

Devant cette dernière juridiction, l'on repoussa cette

(1) Paris, 15 décembre 1875. *Gaz. des Trib.*, 18 décembre 1875. — Paris, 1er décembre 1876. *Gaz. des Trib.*, 9 déc. 1876.
(2) Lebrun. *Succ.*, liv. 4, ch. I, n. 45.
(3) Demolombe. *Succ*, III, n° 701.
(4) Toulouse, 6 juillet 1880, P. 81, 673.

solution, s'appuyant sur cette circonstance toute de fait que les lettres dont on réclamait la possession avaient été écrites contre l'héritier réservataire et que sa conduite s'y trouvait sévèrement appréciée. Le tribunal de Moissac avait, en effet, décidé que toutes les lettres ayant un caractère intime et relatives à la conduite de l'héritier réservataire seraient remises à l'auteur de la lettre qui, dans l'espèce, était la mère de l'héritier réservataire. La Cour de Toulouse repoussa un pareil système pour un double motif : à cause de la qualité spéciale de l'héritier et de l'indivisibilité de la propriété de la correspondance. Après la mort du destinataire, la correspondance intime doit revenir aux héritiers, mais un seul doit être chargé de la garde de ces écrits.

c) CONCOURS ENTRE DIVERS LÉGATAIRES. — Entre divers légataires, les lettres reviendront au légataire universel. *Succedit in omnem personam defuncti,* et en cette qualité il devra entrer en possession de la correspondance du *de cujus;* il les produira en justice s'il le juge convenable, tout en respectant les droits de l'auteur ou de ses héritiers. La jurisprudence est dans ce sens : en 1850, la Cour de cassation admettait, contre les héritiers de Benjamin Constant, les conclusions de la dame Lenormant, sœur de Mme Récamier, qui tenait les droits qu'elle fit valoir de sa qualité de légataire universelle; en 1871 la cour de Lyon (1), et en 1875

(1) Lyon, 9 février 1871, P. 73, 778.

la Cour de cassation (1) adoptaient des solutions identiques et, en présence de plusieurs légataires et d'un testament muet sur la remise des lettres, donnaient au légataire universel la préférence sur tous les autres. Toutes ces solutions reposent sur des principes juridiques certains et ne pourraient être détruites que si l'on entrait dans le domaine du sentiment et des faits, ce qui serait inadmissible dans ce travail, qui a surtout pour but de rechercher les solutions en s'appuyant sur les règles de droit connues et non discutées.

Donc, si le *de cujus* n'a pas fait de testament ou si, en ayant fait un, il n'avait point manifesté sa volonté relativement aux lettres trouvées dans la succession, l'un des héritiers ou légataires devra entrer en possession de la correspondance.

Il pourra se faire que pendant l'instance en partage, les cohéritiers aient intérêt à connaître la correspondance; pourra-t-on refuser de leur en laisser prendre connaissance ?

Oui, a dit la Cour de Rennes (2) et de Cassation (3). Si les cohéritiers prétendent qu'il ne sera possible de juger équitablement qu'après avoir pris connaissance des lettres, ils auront le soin d'en informer le tribunal qui, alors, en chambre du Conseil, à huis-clos et hors la présence des parties, examinera les lettres et ne retiendra que celles qui lui paraissent utiles et peu-

(1) Cass., 3 février 1873, P. 73, 777.
(2) Rennes, 10 juillet 1880, P. 81, 484.
(3) Cass., 9 février 1881, P. 81, 481.

vent, par leur nature, être publiquement communi-
quées.

La Cour de Toulouse, au contraire, a préféré laisser
à la disposition des cohéritiers, pendant tout le cours de
l'instance, les lettres du *de cujus*. Un notaire en dres-
sera inventaire, les déposera au greffe, où chacune des
parties pourra les consulter, mais ce n'est que lorsque
l'on voudra les produire en justice que le tribunal examinera en chambre du Conseil, en présence des parties, si elles revêtent le caractère confidentiel et doivent
pour ce motif être rejetées du débat.

Ce que je veux retenir dans ces diverses solutions,
c'est que la Cour de cassation se refuse à admettre la
communication des lettres aux cohéritiers, tandis que
la Cour de Toulouse laisse ces documents au greffe du
tribunal, à leur disposition, et ne se prononce sur la
production en justice et le caractère de la missive qu'a-
près un débat, sinon public, du moins contradictoire.

Quelle est la meilleure des deux thèses? Je me suis
prononcé sur ce point dans la première partie, aussi je
renvoie aux explications déjà données pour la solution
de cette question.

SECTION DEUXIÈME

Des créanciers.

Les articles 2092 et 2095 du Code civil donnant
pour gage aux créanciers les biens de leur débiteur, il

m'a paru logique de les placer dans le même chapitre que les héritiers. Comme certains légataires, en effet, ils peuvent être considérés comme des ayants-cause à titre particulier.

Les créanciers d'un destinataire de lettres missives d'une grande valeur comme autographes, peuvent-ils les saisir? le droit de gage que leur reconnaît l'article 2093 comprend-t-il ces objets?

La raison de douter, on la saisit sur le champ, vient du droit relativement restreint que le destinataire possède sur ces objets; de leur nature, de la situation créée aux créanciers par la loi.

Cette question s'est posée deux fois devant les tribunaux : en 1869 (1), devant la Cour d'Angers, dans une espèce assez célèbre; et une année plus tard devant la Cour de Dijon (2).

Dans la première affaire, il s'agissait de savoir si des titres et papiers émanant de la duchesse d'Angoulême et trouvés dans la succession de la dame Chanterenne mère pourraient être vendus aux enchères, à la requête des créanciers, pour payer les dettes de l'héritier. Le tribunal s'était prononcé en faveur de l'affirmative, mais la Cour réforma ce jugement en établissant une distinction sur ce point.

Dans la succession se trouvaient à la fois des manuscrits et des lettres : pour les premiers, la Cour considérant que ces écrits ne présentaient aucun caractère

(1) Angers, 4 février 1869, P. 69, 1144.
(2) Dijon, 18 février 1870, P. 70, 893.

confidentiel, que leur divulgation ne pouvait porter aucun préjudice à la famille de la duchesse, décida qu'on ne devait point les distraire de l'actif de la succession et que les créanciers pourraient les faire vendre. Quant aux seconds, qui attestaient la vive reconnaissance de la princesse pour la dame de Chanterenne, les liens d'amitié qui les unissaient et des souvenirs tout personnels à ces deux personnes, on les écarta, bien que les créanciers subissent, par une pareille décision, un grave et sérieux préjudice. Comme autographes, en effet, ces lettres avaient une véritable valeur.

En 1870, la Cour de Dijon soutenait la même thèse. Elle considérait le destinataire comme ayant sur les lettres qu'il avait reçues un droit intime et personnel qui ne pouvait passer à ses créanciers. Ces principes étaient la conséquence de ceux que le fameux arrêt Récamier avait proclamés en 1850. L'inviolabilité des lettres s'oppose à sa publication, à la publicité même de l'écrit. Or, ne serait-ce pas violer toutes les règles que de permettre aux créanciers la saisie des lettres missives et leur vente aux enchères ?

Je reconnais toute la justesse des observations contenues dans les deux arrêts précités et la valeur des arguments. J'incline à penser de la même façon pour le cas où la lettre est confidentielle, mais je n'oserais étendre cette décision au cas où elle n'est point revêtue de ce caractère. Le droit des créanciers sur les biens du débiteur est général, écrit partout, appartenant à toutes les législations. Aussi faut-il, pour y déroger, des raisons majeures, un bien grand intérêt : je les trouve si la lettre est confidentielle, mais non dans l'autre hypothèse. Qui a intérêt à défendre la vente de pareils écrits ? est-ce l'auteur ? est-ce le destinataire ? Répondant négativement à ces questions, je dois rejeter dans ce cas la thèse trop générale de la Cour de Dijon. Si la lettre est confidentielle, je n'autoriserais pas les créanciers à la saisir et à la vendre ; dans le cas contraire, elle constitue une valeur faisant partie du patrimoine du débiteur, et comme telle elle doit devenir leur gage.

D'ailleurs, n'est-ce pas le système défendu par la Cour d'Angers ? Examinons bien les faits. Dans la succession du sieur de Chanterenne, l'on trouve des lettres confidentielles et des manuscrits. La Cour enlève aux créanciers le droit de faire vendre les lettres confidentielles, mais autorise la vente des manuscrits, ces écrits ne présentant pas de caractère confidentiel.

C'est donc ce dernier caractère qui rend insaisissables les lettres et les immobilise entre les mains du destinataire ou de ses héritiers. Y a-t-il d'autres raisons pour porter une exception à la règle de l'article 2093 ? Je ne le crois pas, et la Cour d'Angers n'en donne aucune autre. Elle a d'ailleurs le soin de spécifier que c'est à raison du caractère confidentiel que les créanciers ne pourront vendre les lettres de la duchesse d'Angoulême.

Si, dans la succession, l'on avait trouvé d'autres lettres ne présentant pas de caractère confidentiel, la solution de la Cour d'Angers aurait-elle changé ? Non, entre le manuscrit et une lettre non confidentielle, il n'y a pas de différence. L'un et l'autre présentent des analogies telles que la solution rendue pour le manuscrit ne doit pas changer pour la lettre non confidentielle. Si, au lieu des manuscrits, l'on avait trouvé dans la succession des lettres de cette nature, la Cour aurait fait la même distinction et rendu une décision analogue et semblable à celle que je propose.

Donc, les créanciers pourront vendre aux enchères les lettres non confidentielles, mais seront obligés de respecter les autres. Le soin de les examiner appartiendra aux tribunaux qui se serviront encore, dans ce cas, de l'un des deux moyens d'instruction proposés par les Cours de cassation et de Toulouse.

Je dois faire remarquer qu'en admettant notre système, c'est-à-dire la vente aux enchères des lettres non confidentielles, les créanciers peuvent retirer de celles-ci leur valeur comme autographes, mais ne pourront aliéner le droit de publication et de reproduction, puisque ces derniers ne sont point la propriété du destinataire et restent celle de l'auteur.

CHAPITRE III

Des tiers.

La lettre, au lieu de se trouver en la possession du destinataire ou de ses héritiers, peut se trouver entre les mains de toute autre personne, d'un tiers. Quels sont ses droits et ses obligations ?

Les points hors de doute sont les suivants : il ne peut la publier, la vendre, la livrer à la publicité, mais peut-il en faire usage en justice, en revendiquer même dans certains cas le droit d'ouverture ?

SECTION PREMIÈRE

De la production en justice.

Dans notre ancien Droit, on avait tranché la question. Les tiers pouvaient produire à l'appui de leurs prétentions toutes les lettres dont ils étaient possesseurs.

Aujourd'hui, la majorité de la jurisprudence et de la doctrine a repoussé ce système. Partant de ce principe que toute lettre doit à l'égard des tiers être réputée confidentielle, ils en ont tiré cette conséquence que la pro-

duction de leur part constituerait une violation du secret des lettres et une publicité défendue par la loi (1).

M. Demolombe, au contraire, est revenu à la théorie
des anciens auteurs, qu'il a essayé de restaurer. L'article 456 du Code d'instruction criminelle doit être considéré comme la règle générale en cette matière et l'on
doit étendre ses dispositions au Civil. « Aucun texte,
en effet, ne défend la production en justice d'une lettre
missive, même par un autre que celui auquel elle a été
adressée (2). »

Tel est le résumé de l'argumentation produite par
M. Demolombe à l'appui de sa thèse, contraire aux principes généraux. Il oublie, en effet, que la lettre étant
la propriété du destinataire, nul ne peut en user sans
son autorisation ; il oublie encore que, même dans l'hypothèse où le destinataire consentirait à la production
de la lettre, l'expéditeur a des droits sur elle et peut
s'opposer dans certains cas à sa production en justice.
Comment, dès lors, mettre ces règles en harmonie avec
la théorie de M. Demolombe ? Il garde le silence sur ce
point, aussi en présence de la place où M. Demolombe
a traité cette question, doit-on rechercher s'il ne la ré-
solvait pas en vue des cas exceptionnels que j'étudierai
plus loin.

La grande sagacité de cet auteur et sa compétence
me feraient pencher en faveur de l'affirmative, si on ne

(1) Cass., 4 juin 1821. S. 22, 1, 33 — Limoges, 17 juin 1824. S. 26,
2, 177.
(2) Demolombe. IV, n° 394.

lisait dans le traité des obligations les phrases suivantes :
« La seule difficulté théorique qui puisse s'élever sur
« cette matière consiste à savoir si la lettre adressée à
« un tiers peut être produite sans le consentement de
« l'expéditeur et du destinataire. Cette difficulté est
« considérable, en effet; nous avons ailleurs entrepris
« de la résoudre (comp. *Traité du mariage et de la*
« *séparation de corps*, t. II, n° 593 et s.) (1). »

Donc, plus de doute; M. Demolombe autorise les tiers
à produire les lettres en justice sans le consentement
de l'expéditeur et du destinataire. D'après cette thèse,
le tiers aurait, sur une lettre confidentielle, plus de
droits que le destinataire lui-même.

En rejetant la théorie de M. Demolombe, il ne faut
pourtant pas tomber dans l'excès opposé. En principe,
les tiers ne peuvent pas produire en justice les lettres
adressées à d'autres qu'à eux, mais il y a des exceptions
à cette règle. Dans certains cas, les tiers feront valablement usage des lettres qu'ils ont en leur possession,
mais comme toutes dérogations à la règle générale, elles
devront être limitativement déterminées et soumises à
certaines conditions.

§ 1er. — A quelles conditions les tiers pourront-ils produire les lettres
en justice.

D'après la jurisprudence d'un certain nombre de

(1) Demolombe. XXIX, n° 664.

Cours, il suffirait que les lettres remplissent l'une des deux conditions suivantes : « N'être pas revêtues du caractère confidentiel (1) ou bien être arrivées entre les mains du tiers sans fraude (2). »

Dans le premier cas, dit-on, l'obstacle qui empêchait le tiers de produire la lettre ayant disparu, rien ne s'oppose à son usage ; on doit décider de même pour le second, à cause de l'analogie existant entre la situation du tiers qui a reçu par l'effet du hasard la lettre dont il veut se servir et celle du témoin d'une confidence. Ce dernier, bien que dépositaire d'un secret, n'est-il pas obligé de le faire connaître à la justice ? pourrait-il invoquer le caractère confidentiel des paroles entendues ? On admet la négative comme réponse à cette question ; aussi la situation du tiers qui a reçu, par hasard et sans fraude une lettre, étant identique à la précédente, il serait obligé, si on la lui demandait, de la produire, d'en dévoiler le contenu, ce qui entraîne par voie de conséquence l'usage en sa faveur.

L'exactitude de ces deux thèses me paraît fort douteuse. Dans la première, on semble oublier ce principe fondamental et indéniable que toute lettre doit, à l'égard des tiers, être réputée confidentielle ; dans la seconde, on méconnaît en faveur du destinataire ou, pour être plus exact, en faveur des parties le droit de propriété qui leur appartient. « Il en est de la lettre, trouve-t-on

---

(1) Cass., 12 juin 1823. S.. 23, 1, 394. — Aix, 19 décembre 1834. S. 35, 2, 172. — Cass., 21 juillet 1862, P. 63, 692.

(2) Cass., 3 juillet 1850, P. 51, 489. — Rouen, 13 novembre 1878, P. 79, 47. — Bordeaux, 13 janvier 1879, P. 79, 470.

« dans un arrêt de la Cour de Rennes (1), qui fait fausse
« route et se perd comme de tout autre objet qui serait
« remis par erreur au domicile d'une personne à qui
« il n'était pas destiné ou qu'on aurait trouvé sur la
« voie publique. »

La vérité est, je crois, dans cette solution. Qu'importe, en effet, que la lettre soit venue par des moyens licites ou illicites entre les mains des tiers. S'ils ne peuvent s'en servir, c'est parce qu'ils n'ont aucun droit sur elle, et je ne sache qu'ils puissent en acquérir quelqu'un en recevant la lettre par des moyens licites. La Cour de cassation (2) a confirmé l'arrêt de la Cour de Rennes et rejeté cette distinction; c'est une décision sage et qui mérite tous éloges.

Ces deux distinctions repoussées, quel sera donc le système qui devra prévaloir. Pour le trouver, il a suffi d'appliquer rigoureusement les principes. La lettre est, à l'égard des tiers, réputée confidentielle. Or, toute lettre confidentielle étant la propriété du destinataire, il faudra, pour en faire usage, le consentement de ce dernier. D'autre part, le destinataire étant soumis par l'expéditeur à certaines obligations, entre autres celle de ne point la livrer à la publicité, il faudra, pour en faire usage en justice, que l'expéditeur lève cette prohibition; c'est donc que son consentement sera nécessaire. Dès lors, en suivant ce raisonnement, nous arrivons à cette conclusion que, pour pouvoir produire une lettre, un

(1) Rennes, 26 juin 1874, P. 75, 207.
(2) Cass., 3 mai 1875, P. 75, 189.

tiers doit avoir le double consentement du destinataire
et de l'auteur. Cette théorie est en effet celle de la majorité des arrêts (1).

Il faut pourtant signaler l'existence de quelques décisions (2) qui n'exigent que le seul consentement du
destinataire. Je crois que cette seule condition ne peut
suffire. Comme les partisans du système précédent, ces
derniers partent du même point de départ ; la lettre est,
à l'égard des tiers, confidentielle. S'il en est ainsi, que
deviennent les droits de l'auteur ? Destinataire d'une
lettre, je veux la livrer à la publicité, je ne le puis à
cause de son caractère ou de sa nature : je n'aurai dès
lors qu'à la remettre à un tiers et à l'autoriser à s'en
servir. Je serai donc à l'abri de toute action en dommage et j'aurai violé le secret qui m'avait été confié. Ce
résultat est en effet inadmissible et fait saisir *à priori*
le vice même de ce système.

Je vais encore plus loin : je prétends que théorique-
ment il est inexplicable, quelle que soit la thèse admise
sur la nature du droit de propriété conféré par les lettres missives.

Si l'on admet que la lettre confidentielle est la propriété de l'expéditeur et un dépôt entre les mains du

(1) Riom, 8 janv. 1849, P. 49, 1, 453. — Cass., 3 juillet 1850, P. 51, 488.
— Aix, 5 juin 1852, P. 54, 207. — Cass., 5 avril 1853, P. 53, 2, 586.
— Lyon, 16 février 1854, P. 55, 43. — Caen, 31 juillet 1856, P. 57, 940.
— Cass., 5 mai 1858, P. 59, 326. — Nancy, 11 mars 1869, P. 69, 570.
— Rennes, 26 juin 1874, P. 75, 207. — Cass., 3 mai 1875, P. 75, 489.
— Paris, 11 juin 1875, P. 75, 812. — Seine, 9 février 1882. *J. le Droit*,
10 février 1882.
(2) Cass., 3 juillet 1850, P. 51, 488. — Dijon, 3 avril 1868, P. 69, 225.
— Bordeaux, 9 avril 1869, P. 69, 1138.

destinataire, ce n'est pas le destinataire qui devrait donner le consentement, mais bien l'expéditeur.

Si l'on adopte la théorie de la co-propriété, on ne peut non plus soutenir ce système, sa conséquence naturelle étant l'obligation du consentement des deux parties.

Se range-t-on à l'avis de la Cour de Paris dans l'affaire Récamier, l'expéditeur doit *à fortiori* donner son consentement, car son absence permettrait d'actionner le tiers ou le destinataire en dommages-intérêts.

Avec le système qui est à mon avis le plus juridique tout s'explique, et quelle que soit l'opinion adoptée sur la nature du droit de propriété, il y trouve une base solide, certaine et permettant de le faire reposer sur des raisons sérieuses et concluantes.

On a trouvé excessive l'obligation de ce double consentement pour le cas où la lettre ne revêt pas le caractère confidentiel, en faisant remarquer que la raison pour laquelle on l'avait imposée disparaissait dans ce cas. Je reconnais toute la portée de cette observation, aussi serais-je d'avis qu'en présence d'une lettre non confidentielle, le consentement du destinataire fût suffisant pour sa production en justice, mais en présence d'une lettre de toute autre nature, je reconnais aussi l'utilité du double consentement en vue de protéger le principe de l'inviolabilité. Ce dernier ne doit, en effet, fléchir qu'en présence de raisons plus considérables que celles qui l'ont fait proclamer, ce qui existe pour certains cas que j'étudierai sous cette rubrique des exceptions.

§ 2. — Des exceptions.

En principe, donc, les tiers ne peuvent produire des lettres en justice qu'avec le double consentement de l'expéditeur et du destinataire, sauf le cas où des circonstances spéciales ont conduit les tribunaux à faire fléchir cette règle.

a) Séparation de corps. — On l'écarte en matière de séparation de corps. Dans ces instances, il arrive le plus souvent que les véritables preuves se trouvent dans la correspondance d'un des époux à un tiers ; que son contenu permet d'établir des faits que ne sauraient préciser avec plus d'exactitude des enquêtes longues, coûteuses et scandaleuses. Cette raison a primé celle qui ordonne le respect dû aux lettres missives. En défendant la production des lettres en justice, que veut-on éviter, en effet, si ce n'est le scandale qui pourrait résulter des révélations contenues dans ces écrits? A-t-on atteint ce but dans l'espèce? N'aura-t-on pas l'audition des témoins pour mettre au jour toutes les infamies, bagage obligatoire et certain de tout débat en séparation de corps? Le scandale qu'on aura voulu empêcher se produira sous une autre forme, et les intérêts des parties, au lieu d'être protégés, se trouveront lésés.

C'est donc avec raison et dans un but d'intérêt

général et pratique qu'on a fait fléchir les règles rigoureuses en cette matière, pour se ranger à l'avis de M. Demolombe, que j'ai cru devoir rejeter pour les cas généraux, mais dont je deviens le partisan pour ce cas spécial.

D'ailleurs, telle est la loi, si nous l'interprétons et tirons des données connues, les conséquences naturelles et logiques. De ce que l'adultère, outre le cas de flagrant délit, ne peut être prouvé que par lettres et papiers domestiques; de ce que les témoignages domestiques peuvent être entendus pour ces causes, n'y a-t-il pas là la preuve la plus certaine qu'en matière de séparation de corps le législateur a voulu donner au juge la latitude la plus large pour arriver à la découverte de la vérité; qu'il a voulu lever tous les obstacles et laisser à découvert le vaste champ des preuves? Nulle règle ne doit donc entraver les parties pour éclairer le juge, tous empêchements doivent être levés ; seules les formalités écrites expressément dans la loi doivent être respectées, aussi on pourra produire toutes les lettres, et c'est le cas maintenant de revenir sur un passage déjà cité de Demolombe qui, cette fois, est dans le vrai : « Aucun texte ne défend la production en justice d'une lettre, même par un autre que celui auquel elle a été adressée (1). »

Il ne faut pourtant pas tomber dans un excès contraire, et tout en protégeant les intérêts des parties leur

____

(1) Demolombe. IV, n° 394.

porter préjudice. Aussi y a-t-il deux cas pour lesquels je repousserai l'extension de cette faveur : lorsque les lettres seront inutiles à la cause (1), ou seront parvenues aux parties par des moyens illicites. Qu'entend-on par ces dernières expressions « moyens illicites ? » C'est là une question de fait laissée à l'appréciation des tribunaux. Les lettres trouvées dans un meuble (2), remises par le destinataire (3) ou bien encore produites après assignation lancée dans ce but (4), doivent être considérées comme parvenues par des moyens et voies licites.

La Cour de Bruxelles (5), bien qu'adoptant notre opinion sur les principaux points, a fait pour le dernier cas une distinction qui mérite une mention spéciale.

Pour produire des lettres en justice, la femme doit les avoir reçues par des moyens licites; le mari, au contraire, peut les produire quelle que soit la voie par laquelle elles lui sont parvenues; ce dernier, dit-on, ayant le pouvoir d'intercepter la correspondance de sa femme, peut produire toutes les lettres à l'appui de sa cause sans qu'on puisse valablement opposer l'exception de mauvaise foi, seule capable de les faire rejeter. L'autorité reconnue par la loi au mari serait la justification de cette distinction.

---

(1) Paris, 11 juin 1875, P. 75, 812.

(2) Rouen, 13 novembre 1878, P. 79, 316. — Alger, 12 novembre 1866, P. 67, 886.

(3) Bordeaux, 13 janvier 1879, P. 79, 470.

(4) Cass., 31 mai 1842, P. 42, 2, 645.

(5) Bruxelles, 28 avril 1875, P. 77, 706.

Cette thèse est très-juridique, conforme aux règles du droit, mais blesse à mon avis l'équité et la justice. Si l'on reconnaît au mari le droit d'intercepter la correspondance de sa femme, on ne peut se refuser à admettre le système de la Cour de Bruxelles; si, au contraire, on nie ce droit, cette distinction n'a plus de base solide. Sur ce dernier point, je renvoie à la section suivante, où cette question sera discutée et prendra place.

Quelle que soit la valeur accordée à cette distinction, notre conclusion, d'accord avec M. Demolombe et un grand nombre de Cours, est le droit pour les époux de produire en justice toutes lettres, même émanant des tiers, pourvu qu'elles aient un rapport direct avec la cause et qu'elles soient parvenues entre leurs mains par des moyens licites.

Tous les auteurs n'adoptent point cette opinion. Ainsi, M. Laurent (1) n'autorise pas la production des lettres confidentielles. Une pareille action constituerait d'après lui un double délit moral : révélation d'un secret et confiance trahie. D'ailleurs, pour admettre une exception à la règle, il faudrait qu'elle fût écrite dans la loi.

La réponse à ces arguments est bien simple : la production d'une lettre confidentielle constitue, je le reconnais, un double délit moral; mais, en matière de séparation de corps, la loi a dû faire exception pour des raisons graves et sérieuses. Elle devrait être écrite, dit M. Laurent. La règle est-elle écrite? N'est-ce pas, comme

(1) Laurent. III, 201 et 5.

l'exception elle-même, dans les déductions tirées des principes généraux que nous avons pu l'extraire et la mettre au jour ? L'argumentation de M. Laurent n'est donc pas bien assise, aussi dois-je passer à mes autres adversaires.

MM. Aubry et Rau (1) repoussent le système de M. Demolombe, mais sont plus larges que M. Laurent. La lettre non confidentielle, même émanant d'un tiers, pourra être produite en justice, mais celle d'une nature opposée ne pourra prendre place au procès que si le tribunal y donne son consentement. Ils reprennent la règle générale et n'admettent point d'exception pour le cas où une demande en séparation de corps est en instance. C'était là la base de ma thèse, sur laquelle je ne reviens pas.

Donc, contrairement à l'avis de MM. Laurent et Aubry et Rau, je crois que les lettres des époux ou émanant des tiers, quel que soit leur caractère, pourront servir à prouver l'adultère de la femme (2), les sévices des deux époux, les injures dont ils ont été victimes (3). Ces injures pourront d'ailleurs être contenues dans une lettre, qui serait la preuve la plus certaine à fournir à l'appui de la demande.

b) QUESTIONS D'ÉTAT. — En ces matières, on a dû aussi apporter une exception aux règles ordinaires, en vue

(1) Aubry et Rau. V § 491, note 35, — VIII § 760 *ter*.
(2) Besançon, 20 février 1860, P. 60, 436.
(3) Bourges, 4 janvier 1825. — Aix, 17 décembre 1834. — Massol. *Sép. de Corps,* p. 41, n° 5.

d'un intérêt général et public. Une femme s'est-elle rendue coupable d'un adultère, un enfant est-il né protégé par le brocard, *pater is est*..... le mari pourra intenter une action en désaveu en donnant à l'appui les preuves tirées de lettres dont il est possesseur. Quel que soit le destinataire de la lettre écrite par sa femme, il pourra en user sans son contentement et sans celui de son auteur.

On a voulu lever tous les obstacles qui pourraient empêcher le chef de famille de prouver l'inconduite d'une épouse, qui peut-être a introduit des étrangers dans le ménage. Dans ce cas, il y a en effet l'intérêt et l'honneur de toute une famille souvent très-honorable qui y sont engagés; j'irai même plus loin, il y a l'intérêt social. On ne saurait trop sévèrement punir l'inconduite de la femme qui a contracté les liens du mariage, car les quelques exemples fâcheux qui se présentent sont l'entrave la plus grande apportée aux unions légitimes, c'est-à-dire au premier échelon de toute puissance. S'il fait défaut, si cette base est trop faible, tous les efforts qu'elle tentera pour augmenter et grandir seront superflus. Sans la famille, la société est impossible; sans elle la décadence d'un État arrive bientôt à son apogée. Les Romains furent obligés de sévir contre les célibataires; puis, la tendance de ce peuple vers le célibat ayant augmenté, arriva sa fin. Les Barbares étendirent leur domination sur un peuple qui avait pu gouverner le monde, mais ne sut pas conserver sa puissance.

Cet exemple doit frapper le législateur. L'inconduite

de l'épouse est-elle un obstacle au mariage, punissez-
la avec sévérité. La crainte d'élever ou nourrir
des étrangers éloigne-t-elle l'homme de la famille,
donnez-lui tous les moyens propres à les chasser, s'il
en existe. En permettant d'appuyer une action en
désaveu par toutes preuves possibles, les Cours sont
entrées dans cette voie, aussi ne saurions-nous trop
approuver les décisions des Cours de cassation (1),
d'Aix (2) et d'Alger (3), qui ont reconnu au mari le
droit de produire en justice, sans le consentement du
destinataire, les lettres que son épouse avait écrites à
un tiers, et dans lesquelles l'on trouvait la preuve
certaine qu'un enfant, légitime grâce à la situation de
la femme, était en réalité un enfant adultérin, issu des
relations coupables de l'épouse avec un tiers.

Dans le mariage, le premier devoir de la femme est
la fidélité; hors du mariage, le devoir de la fille-mère
est d'entretenir et d'élever son enfant. Manque-t-elle
à ces obligations, elle est coupable et commet un délit
moral pour la réparation duquel la loi devait se montrer large, bienveillante et ouvrir toutes les issues.
Aussi, dans le cas où un enfant naturel intente une
action en recherche de maternité, j'admettrais qu'il
peut puiser le commencement de preuve par écrit
exigé par l'article 341 dans les lettres écrites par sa
prétendue mère à un tiers, et réciproquement; et cela

(1) Cass., 31 mai 1842, P. 42, 2, 645.
(2) Aix, 10 février 1846, P. 46, 2, 231.
(3) Alger, 12 novembre 1866, P. 67, 596.

alors même qu'elles revêtent le caractère confidentiel et qu'il n'a pas le consentement de l'auteur.

En 1850, la Cour de cassation (1) a admis cette thèse, mais en invoquant des motifs qui ne me paraissent pas vrais. Prenant pour point de départ cette circonstance de fait que les lettres étaient parvenues dans les mains de l'enfant naturel sans fraude, on en a conclu qu'il pouvait les produire en justice à l'appui da sa demande. Ils partent donc d'un point de départ que nous avons rejeté et donnent des motifs qui ne peuvent me satisfaire. En 1880 (2), la même Cour a repris cette théorie en donnant, cette fois, un nouveau motif tiré encore de l'espèce, à savoir que les lettres n'avaient point le caractère confidentiel et qu'il était dès lors loisible aux tribunaux de les admettre ou de les rejeter.

Je crois bien que toute lettre venue par des moyens licites entre les mains de l'enfant naturel peut être produite sans le consentement de l'auteur, mais je suis aussi d'avis que le caractère de la lettre est indifférent.

Si, en effet, comme le décident la majorité des auteurs (3) et la jurisprudence (4), les articles 523 et 524 sont applicables aux actions en possession d'état intentées par les enfants naturels, le doute ne peut

(1) Cass., 3 juillet 1850, P. 51, 488.
(2) Cass., 20 juillet 1880, P. 81, 644.
(3) Lassaulx. II, 191. — Zacharie. § 570, note 2. — Marcadé. Art. 340. — Pont. *Observ.*, 5, arrêt Cass., 28 nov. 1868, P. 69, 1, 5.
(4) Paris, 7 juillet 1838, P. 38, 2, 139.

exister, et ce n'est pas dès lors pour avoir reçu des lettres sans fraude que l'enfant naturel peut les produire, mais bien parce que la loi lui a expressément accordé ce droit. L'article 324 est un article exceptionnel, contraire à l'article 1347, ce qui permet de tirer cette conséquence : qu'il autorise la production de tous actes confidentiels, même émanant de toutes personnes. S'il en est ainsi, aucune condition ne peut lui être imposée : que la lettre qu'il produit comme commencement de preuve soit confidentielle ou émane d'un tiers, il a le droit de s'en servir. Une seule exception peut lui être opposée, c'est celle que l'on tirerait de la mauvaise foi, s'il faisait usage de lettres venues en sa possession par des voies illicites.

M. Laurent réfute aussi ce système et, pour l'espèce dont nous nous occupons, cite même à l'appui de sa thèse un arrêt de la Cour de cassation. Les principes contenus dans cet arrêt sont bien ceux que nous admettons dans les cas généraux, mais pour l'exception que je crois trouver dans la loi, il ne donne point de raisons pour la combattre. Est-ce à dire que cet arrêt est en opposition avec nous ? a-t-il prévu le cas ? Ce document ne peut donc être d'un grand poids pour la thèse de M. Laurent. Il croit qu'il n'y a qu'un texte exprès qui puisse apporter une exception à la règle générale, argument auquel j'ai déjà répondu lorsque j'étudiais la valeur des lettres produites en matière de séparation de corps, et qui, après examen, ne m'a pas paru devoir faire changer ma manière de voir sur ce point.

c) ÉTAT DE DÉPENDANCE DU DESTINATAIRE. — L'état de dépendance de certaines personnes a dû aussi faire fléchir la règle qu'à l'égard des tiers une lettre est réputée confidentielle et ne peut être produite sans la double autorisation du destinataire et de l'auteur.

La première exception a été introduite en vue de protéger les mineurs. Les lettres de ces derniers ne sauraient, d'après la Cour de cassation (1), être classées dans la catégorie des lettres confidentielles et peuvent être produites à l'appui d'une demande en destitution de tutelle introduite par le subrogé-tuteur.

On a aussi adopté la même solution pour les lettres émanant d'un aliéné. Voici l'espèce qui se présenta devant la Cour d'Angers (2). Le directeur d'une maison d'aliénés avait produit, pour se justifier du reproche de séquestration arbitraire, les lettres de l'aliéné, qu'il avait eu le soin de conserver. On se pourvut en Cassation, en se fondant sur ce que l'arrêt avait conservé au débat des lettres émanant d'un tiers et qui auraient dû, à raison de leur nature, en être écartées.

La Cour de cassation (3) rejeta ce moyen : les lettres écrites par l'aliéné « étant la vive et sûre manifesta-

---

(1) Cass., **18** mars 1861, P. 62, 541.
(2) Angers, 6 mars 1874, P. 76, 244.
(3) Cass., **27** déc. 1875, P. 76, 241.

« tion du trouble mental dont il était atteint » ne pouvaient, pour ce fait, être réputées confidentielles.

Tel n'était pas l'avis de l'avocat-général Reverchon; tel n'est pas le nôtre.

D'après le savant magistrat qui prit la parole dans cette affaire, on devait considérer ces lettres comme revêtues du caractère confidentiel « parce qu'elles n'émanaient pas d'une intelligence ayant conscience d'elle-même. » Il voyait d'ailleurs dans cette divulgation un danger pour l'aliéné en état de guérison, qu'un retour vers le passé pouvait à nouveau rendre obligatoire son internement. D'ailleurs, pour apporter une dérogation aux principes généraux, il fallait de graves raisons qu'il ne trouvait point dans l'espèce.

Ces considérations sont bien puissantes, et la solution proposée par M. Reverchon est seule conforme aux principes. La propriété des lettres reste, en effet, à l'aliéné, et si, pendant son séjour, on y a apporté des restrictions, c'est dans son intérêt personnel et en vue de sa guérison; mais, dès sa sortie, ces raisons disparaissent, et le malade guéri reprend tous ses droits. Or, dans l'espèce du procès cité, le directeur ne devait-il pas être considéré comme un tiers et les lettres comme revêtues du caractère confidentiel ?

Je le crois et m'étonne même de cette solution, que je ne puis expliquer que par l'influence exercée sans doute par la question de fait. La Cour suprême est sortie, dans ce cas, de ses attributions : elle s'est trompée, a jugé en fait et non en droit pur.

d) CAS OU LA LETTRE A ÉTÉ DÉJA DIVULGUÉE. — La jurisprudence a aussi apporté une exception au principe de l'inviolabilité due aux autres lettres émanant d'un tiers, toutes les fois qu'elles avaient été divulguées dans une instance précédente (1), ou bien lorsque l'une des parties les avait envoyées pour donner des renseignements à un juge (2).

Dans le premier cas, on s'est incliné devant une question de fait qui rendait inutile la protection accordée aux lettres émanant des tiers; dans le second, on a voulu punir la partie qui déloyalement a voulu influer sur l'esprit du juge chargé de vider un différend.

e) LETTRES ANONYMES. — Pour les lettres anonymes, des considérations de même ordre ont dû faire fléchir la règle générale. Le moyen odieux employé par l'auteur méritait une punition qui sera souvent sévère, puisque la jurisprudence autorise le destinataire et les tiers à produire, à l'appui de toute demande en justice, les écrits de cette nature.

Faire disparaître le caractère confidentiel en présence d'un écrit non signé (3) est à la fois une œuvre de sagesse et une sanction apportée à l'honnêteté et à la loyauté, seuls guides des hommes vraiment dignes. En 1879, la Cour de cassation (4) a sanctionné la thèse

(1) Lyon, 18 février 1854, P. 55, 1-43.
(2) Riom, 8 janvier 1849, P. 49, 1, 453.
(3) Caen, 18 janvier 1860, P. 61, 373.
(4) Cass., 3 mai 1879, P. 81, 858.

de la Cour de Caen et déclaré que toute lettre anonyme
devait être par ce seul fait déclarée non confidentielle.

f) Conventions des parties. — Enfin, il est encore
un cas où un tiers peut produire une lettre sans le
double consentement des parties : c'est lorsque l'auteur a formellement déclaré au destinataire que la lettre serait remise ou communiquée à ce tiers. Deux
arrêts (1), en émettant cette thèse, ont fait une juste
application des principes. L'auteur crée, en effet, les
attributs du droit de propriété qu'il confère à la lettre;
il est donc libre d'y mettre telles conditions qu'il juge
nécessaires et de détruire les présomptions admises
en sa faveur.

SECTION DEUXIÈME

Des tiers à qui appartient le droit de réception ou d'ouverture des lettres.

Il y a des tiers qui ont encore le droit d'ouverture sur
des lettres adressées à d'autres qu'à eux. Ces exceptions au principe déjà établi que le destinataire, propriétaire de la lettre, a seul le droit de les ouvrir et
de les avoir en sa possession, sont fondées sur des
considérations d'un ordre très-élevé et devant lesquelles
on a dû faire fléchir tous les principes.

(1) Cass., 26 juillet 1864, P. 65, 51. — Dijon, 11 mai 1870, P. 72, 213.

Parmi ces diverses personnes, tiers par rapport aux deux parties, il faut classer les réprésentants de l'ordre judiciaire ; ceux qui jouissent d'une autorité reconnue par la loi, tels que les maris, les pères, les tuteurs, les directeurs des maisons d'aliénés, d'une prison ; ceux qui, dans l'intérêt du plus grand nombre, administrent le patrimoine de leurs représentés, les syndics.

§ 1er. — Les Magistrats.

Les procureurs de la République, en cas de flagrant délit, et les juges d'instruction ont le droit de saisir et d'ouvrir tous papiers ou effets trouvés dans le domicile du prévenu et qui peuvent servir à conviction ou à décharge. Les articles 57 et 89 du Code d'instruction criminelle posent la base du principe qui a servi de point de départ aux conséquences admises par la jurisprudence.

Tout d'abord se présente une première difficulté : l'expression générique « papiers » comprend-elle les lettres missives ? Cette question a souvent fait l'objet de pourvois, mais aujourd'hui tout doute a disparu : la jurisprudence ne varie plus et, s'appuyant sur les effets nuisibles à l'intérêt général d'une solution opposée, elle admet que la disposition de l'article 57 est générale et ne comporte aucune distinction (1).

(1) Cass., 13 octobre 1832, B. C., n° 414. — Cass., 28 mars 1833, B. C., n° 116.

Les procureurs donc, en cas de flagrant délit, et les juges d'instruction pourront saisir les lettres au domicile du prévenu ; pourront-ils user du même droit à la poste ?

M. Mangin (1) prétend que non, mais il faut de suite dire que cet auteur est le seul qui défende cette thèse ; on croit plus généralement que la justice a le droit d'exiger des receveurs des postes les lettres adressées aux inculpés, et l'on considère avec raison le bureau comme un lieu où elles se trouvent momentanément cachées et dans lequel on peut procéder comme dans tout autre à une saisie (2).

Cette question ne souffre donc plus de difficulté. La justice peut saisir même à la poste les lettres adressées à un inculpé.

Mais peut-on étendre ce droit sur toutes les lettres ? Non, répond M. Faustin Hélie. Il est bien permis de saisir les lettres adressées à l'inculpé ou bien celles qui émanent de lui, mais l'exception apportée par l'article 37 au principe de l'inviolabilité ne prévoit que ces deux cas.

J'applaudis à cette distinction vraie, conforme à la justice et aux principes juridiques ; pourtant, telle n'est pas la pratique suivie de nos jours.

D'après MM. Dalmas (5), Duverger (4) et la juris-

(1) Mangin. *Inst. écrite*, I, p. 160.
(2) Faustin Hélie. *Inst. crim.*, IV, p. 418.
(3) De Dalmas. *Frais de justice criminelle.* Supp., p. 113 et 117.
(4) Duverger. *Manuel des juges d'instruction*, I, p. 440.

prudence, la justice a le droit de saisir toutes les lettres présumées contenir des renseignements utiles pour l'instruction.

L'instruction, certes, y gagnera, car le plus souvent ces lettres pourront amener la découverte de la vérité ; mais il me répugne d'autoriser la justice, sous le prétexte de découvrir l'auteur d'un crime ou d'un délit, à venir pénétrer dans le for intérieur de tous ceux qui y sont étrangers, à arracher chez un ami ou un confident la preuve de la culpabilité. Cette pratique, aussi fâcheuse qu'odieuse est, à mon avis, contraire à l'esprit même du législateur. N'est-il pas, en effet, défendu par la loi de saisir les lettres et papiers chez les avocats, médecins, tous ceux qui peuvent être dépositaires de grands secrets ? N'est-il pas défendu aux prêtres, aux notaires, aux avoués de venir divulguer en justice les confidences qui leur ont été faites ? Je ne vois pour ma part aucune différence à établir au point de vue juridique entre le médecin, l'avocat ou le prêtre dépositaire du secret de son malade, de son client ou de son pénitent et l'ami sincère et dévoué sur lequel on compte pour épancher son âme, faire part de ses remords et de ses inquiétudes : on sait qu'il y jettera le voile de l'oubli, et on les lui confie. En saisissant les lettres d'un tiers, le juge s'expose à déchirer ce voile, à faire de l'ami le dénonciateur involontaire, à chercher dans le rapt d'une confidence des preuves qu'il n'avait pas su trouver. C'est une infamie dont il se rend l'auteur inconscient et qu'on devrait, pour sa dignité même, lui empêcher

de commettre. Aussi, je repousse avec énergie la pratique suivie jusqu'à ce jour et je serais heureux de
voir la Cour de cassation adopter la distinction si sage
que M. Faustin Hélie (1) a vaillamment défendue dans
son ouvrage sur l'instruction criminelle. La vindicte
publique y perdrait peut-être, mais la justice y gagne-
rait en prestige. Il ne faut pas, en effet, que pour découvrir le criminel on imite les procédés que lui-même
a employés.

En cette matière, la jurisprudence est d'ailleurs rentrée dans une fausse voie : elle semble avoir oublié les
droits du citoyen, de l'homme libre, vouloir même les
fouler aux pieds. Après cette décision sur le droit de
saisie des lettres d'un tiers, nous en trouvons une autre
dont la seule énonciation fait craindre tous ceux qui en
voient les funestes conséquences; elle a été édictée
dans un intérêt d'ordre politique.

Les préfets (2), agissant en vertu de l'article 10 du
Code d'instruction criminelle, ont le droit de faire saisir
à la poste les lettres missives dans les mêmes conditions que le juge d'instruction. On ne pouvait accu-
muler plus de dérogations aux principes généraux. On
confond l'instruction et la police judiciaire, on franchit
et on brise les lignes de démarcation si claires et si
nettes que la loi avait tracées entre ces deux choses.

Cette solution est à la fois dangereuse et inutile. Inutile, car le juge instructeur opèrera avec autant de ra-

(1) F. Hélie. *Inst. crim.,* IV, p. 414.
(2) Cass., 21 novembre 1853 (Ch. réunies), B. C., n° 1551.

pidité que l'officier de police judiciaire; dangereuse, car il y a à craindre son imprudence et son peu d'expérience; il y a à craindre que, sous le vain prétexte de procéder à une perquisition judiciaire, on n'opère cette saisie dans un but politique.

Pour moi, je crois qu'on doit laisser à la justice le soin unique de l'instruction des affaires, du mérite ou du démérite des actes; elle en a la responsabilité, en sent tout le poids, et sur elle seule doit rejaillir toute la faute, s'il y en a eu une, ainsi que les conséquences de ses actes. Mêler les attributions de l'officier de police judiciaire et du juge d'instruction, c'est oublier le rôle sacré de ce dernier magistrat et investir de ses pouvoirs un homme qui, mêlé à toutes les fluctuations de la politique, n'envisage point les choses sous le même jour et peut parfois oublier ce que réclament les fonctions si délicates et si difficiles de l'instructeur.

Pourquoi la Cour suprême n'a-t-elle pas maintenu sa première jurisprudence (1)? pourquoi méconnaître à quatre mois d'intervalle sa première solution? Les dates sont assez éloquentes pour ne point répondre. Seul, le juge d'instruction a le droit d'ouvrir les lettres; et étendre ce droit à toute autre personne, c'est violer la loi, méconnaître son esprit et oublier ce grand principe, que tout citoyen est libre de ses actes et que ce n'est que pour des causes sérieuses et en donnant toutes garanties qu'on peut porter atteinte à cette liberté.

(1) Cass., 23 juillet 1853, B. C., n° 369.

§ 2. — Ceux qui sont revêtus de l'autorité maritale et paternelle.

a) LE MARI. — Le mari a, d'après la jurisprudence, le droit d'ouvrir les lettres adressées à sa femme. Il tient cette prérogative de son droit à l'obéissance due par son épouse. Chef de cette communauté qui s'établit entre l'homme et la femme, il exerce ainsi sa surveillance et prévient des fautes dont il devrait supporter la responsabilité. Il a le droit d'ouvrir les lettres adressées à sa femme, comme il a le droit de la faire suivre en tous lieux, de limiter le nombre de ses amis, d'avoir communication de ses pensées et de ses sentiments. L'article 213 du Code civil lui confère tous ces droits, un pouvoir exhorbitant dont la conséquence logique, reconnue par la Cour de Bruxelles (1), amène la reconnaissance du droit à l'ouverture des lettres.

Cette décision est conforme à la loi, et cette Cour a accompli avec exactitude sa tâche d'interprète (2). Mais, au point de vue législatif, cette solution et le principe de l'article 213 me paraissent peu en harmonie avec nos idées modernes. Je reconnais bien que dans toute société il faut un chef; que le mari, plus âgé généralement, plus intelligent et plus fort, doit occuper cette place pour protéger sa femme et sa famille, mais

(1) Bruxelles, 28 avril 1875, P. 77, 706.
(2) Nimes, 6 janvier 1880, P. 81, 2, 54.

faut-il aller jusqu'à faire de cette épouse une demi-esclave, permettre de pénétrer malgré elle dans son for intérieur? Ces conséquences rigoureuses de la loi sont une insulte dirigée contre la femme : on a méconnu ainsi son caractère; on n'a pas compris cette institution si belle du mariage.

Dans un écrit comme celui-ci, il est peut-être audacieux d'émettre de pareilles idées, mais ne suis-je pas l'écho de l'opinion publique? J'ai lu que Napoléon disait au Conseil d'Etat, lorsqu'on élaborait les projets dont la réunion devait plus tard former le Code civil : « Vous ne savez pas ce que c'est que le mariage. » Il avait raison. J'approuve aussi les critiques que M. Laurent adresse à la législation sur ce point; j'applaudis aux paroles de Portalis, et avec eux je blâme cette inégalité trop grande que le Code civil a mise entre l'homme et la femme. La législation est à refaire; on doit donner à la femme son véritable rang.

Les auteurs qui ont traité cette question citent volontiers, en opposition à l'arrêt de la Cour de Bruxelles, un autre arrêt rendu par la Cour d'appel de Liousville (1), qui défend au mari d'ouvrir ou d'intercepter la correspondance de sa femme.

On ne peut faire une semblable comparaison. En France, la femme est mise au-dessous de l'homme, tandis que dans les mœurs américaines, elle est regardée comme son égale, comme ayant sa responsabilité morale, son

(1) Liousville. *Droit,* 25 décembre 1867.

individualité propre : elle est la libre compagne de
l'homme. On comprend dès lors que lorsque la question du pouvoir du mari sur la correspondance de sa
femme s'est posée à Liousville on ait eu une solution
opposée. Des traditions contraires devaient conduire à
des conséquences différentes. Aussi j'approuve la solution de la Cour de Bruxelles, mais ce que je critique, ce
sont les principes.

M. Demolombe (1) croit au contraire qu'ils sont l'expression de la vérité ; que la puissance maritale est essentielle à l'institution du mariage et à la bonne organisa-
tion de la famille.

Je reconnais la vérité de ces observations, mais je
prétends que les pouvoirs conférés au mari par le Code
civil ne sont pas en rapport avec les mœurs et les institutions de l'époque. Admettrait-on aujourd'hui la *pa-
tria potestas*? pourrait-on en supporter le joug?

S'il ne faut pas croire à toutes les déclamations faites
sur l'émancipation de la femme, il ne faut pas oublier
qu'elle est l'égale de l'homme. Vous instituez une asso-
ciation, vous nommez un chef et vous le devez, mais
ses pouvoirs doivent être réglés selon les temps et les
lieux. Ceux que l'article 213 confère au mari sont hors
de saison. On devra diminuer les droits du mari et
donner une place plus convenable à son égale. Que le
mari soit le chef de la famille, qu'il ait des droits sur
son épouse, je le comprends; mais qu'il pénètre même

____

(1) *Traité du Mariage*, II, n° 87 *bis.*

dans son for intérieur, c'est là ce que je ne puis pas adopter, ce que ma raison repousse.

Ces idées sont tellement rentrées dans nos mœurs que, quelque temps après que ces lignes ont été écrites, la Cour de Nîmes (1) rendait un arrêt en cette matière, où l'on peut remarquer les progrès de l'esprit sur ce point.

On déclare bien que, combiné « avec la loi qui fait « du mari le chef de la société conjugale et le gardien « de l'honneur et de la paix du foyer domestique, » le principe de l'inviolabilité souffre exception dans ce cas; mais dans les considérants de cet arrêt, on est heureux de voir la Cour décider que c'est seulement dans certains cas et pour des causes sérieuses que le mari peut revendiquer ce droit.

Donc, d'après cette jurisprudence, le droit du mari sur les lettres écrites à sa femme existerait, mais serait restreint et reconnu seulement dans des cas exceptionnels. C'est là le commencement d'un progrès qu'une réforme pourra seule réaliser complètement.

b) LE PÈRE. — La puissance paternelle confère au père le droit d'ouvrir ou d'intercepter la correspondance de ses enfants. Il y a là un droit pour lui et un devoir.

Il tient ce droit du législateur, qui l'a considéré comme un attribut indispensable du droit de puissance paternelle. Le lui refuser, c'était lui offrir les moyens de tromper la surveillance qu'il doit exercer sur eux,

(1) Nîmes, 6 janvier 1880, P. 81-322.

détruire peut-être tous les fruits de l'éducation que, plus
jeunes, il leur a donnée à grand peine. La loi impose au
père des devoirs ; il fallait dès lors lui accorder des droits.
qui lui permissent de les accomplir : c'est ce qu'a fait
le législateur en accordant au père le droit de correc-
tion.

Il y a même des cas où il est du devoir du père d'ouvrir la correspondance de son fils et de l'intercepter,
s'il y a lieu. Il me suffira d'entrer dans la vie privée et
de choisir au milieu de tant d'exemples que l'on pourrait citer pour en donner la démonstration. Ne voyons-
nous pas chaque jour des jeunes gens, entraînés par les
mauvais conseils et les passions, glissant sur cette pente
si fatale de l'inconduite et de la misère ? Un père connaît les relations de son fils avec ces personnes, il l'en
éloigne, et là, près de lui, il use de tous les stratagèmes,
de toute l'influence qu'il peut avoir sur son enfant pour
le détourner de cette mauvaise voie. Après bien des efforts et de nombreuses peines, il y arrive et le fils a
rompu ses relations : le souvenir seul lui reste. Un jour,
il reçoit une lettre ; on lui fait des offres, on réveille ses
mauvais penchants, on lui fait un tableau séduisant du
passé, on souffle sur ce brasier encore mal éteint. A
quoi serviraient tous les conseils du père, tous ses efforts, s'il pouvait se livrer à la lecture de cette lettre ?
A quoi serviraient tous les sacrifices qu'il a faits pour
son fils, si ce dernier entretenait une correspondance
suivie avec ces personnes qui l'avaient conduit vers le
mal ? N'y a-t-il pas dans ce cas un devoir rigoureux

pour le père d'intercepter la correspondance de son fils ?

La jurisprudence a pris en considération cet état de choses et a donné au père le droit d'ouvrir les lettres de son fils mineur. Mais, ainsi que l'a fait la Cour de Caen (1), je limiterai ses pouvoirs. Le père doit user de ce droit lorsqu'il en reconnaît l'utilité, mais non au-delà. L'exercice de cette prérogative aura pour mesure l'intérêt seul de l'enfant.

C'est peut-être pour n'avoir pas bien déterminé les limites de ce droit qu'on a soutenu le contraire (2). Il n'est pas possible, en effet, en présence des devoirs imposés au père par la loi et des droits qu'elle lui a accordés, de lui refuser d'intercepter et d'ouvrir les lettres de son fils mineur toutes les fois que l'intérêt de celui-ci l'exige. Dans ces cas, on lui permet de violer le secret de la correspondance, dans l'intérêt même d'un enfant, du futur citoyen qui, s'il avait pris une fausse direction, serait devenu un danger pour son pays au lieu de le servir. A côté de l'intérêt de l'enfant, il y a donc encore l'intérêt public, qui faisait un devoir au législateur d'apporter une exception au principe de l'inviolabilité du secret des lettres.

c) Le tuteur. — Si le mineur a perdu son père et se trouve sous la tutelle d'un parent ou d'un ami, n'aura-t-il pas le droit de s'opposer à l'ouverture de ses lettres ?

(1) Caen, 11 juillet 1866, P. 66, 595.
(2) Vanier. *Rev. pratique*, 1866.

La loi a-t-elle donné à ceux qui le protègent les mêmes prérogatives qu'au père ?

Le tuteur me paraît devoir en user. Représentant légal du père, chargé de la personne du pupille et de l'administration de sa fortune, « il doit exercer la même surveillance et le même pouvoir (1). »

J'accorde bien au tuteur la faculté reconnue au père, mais je ne saurais l'étendre aussi loin que pour ce dernier. Dès que le mineur est arrivé à l'âge de pouvoir recevoir les confidences, n'y a-t-il pas un danger à permettre à un tuteur d'intercepter ou d'ouvrir la correspondance de son pupille ? Le père, en usant de ce droit, agit dans l'intérêt seul de son enfant : il respecte le contenu de la lettre et le secret qu'elle renferme, que seul son fils devait connaître, devient pour lui une chose aussi sacrée. L'auteur n'aura à craindre aucune indiscrétion de sa part ; ce qu'il a fait, il l'a fait seulement dans l'intérêt de son fils.

Le tuteur n'offre pas de pareilles garanties. N'y a-t-il pas à craindre que, sous le vain prétexte d'exercer ses droits et de protéger le mineur, il ne veuille satisfaire une curiosité trop vive, qu'il dévoile le contenu de la lettre, qu'il fasse bon marché des confidences qui y sont renfermées ? qu'il lèse les auteurs de cette correspondance ? Aussi, dès que le mineur aura atteint l'âge où il peut apprécier la gravité de ses fautes ; dès qu'il sera devenu majeur au point de vue moral, je retire au tu-

(1) Labbé. *J. P.* 1876, 241.

teur ce droit. Quel sera cet âge ? La loi nous l'a indiqué. A seize ans, lit-on dans le Code pénal, le mineur a acquis toute la plénitude de ses facultés intellectuelles pour pouvoir discerner le bien du mal. Alors, donc, j'enlèverai au tuteur ce droit à l'ouverture des lettres ; le mineur sera libre dès lors de recevoir telle correspondance qu'il lui plaira.

Immédiatement surgit une objection très-sérieuse et qui semble rendre notre système inadmissible. De seize à vingt-un, n'est-ce pas la période dangereuse pour les jeunes gens ? n'est-ce pas l'époque pendant laquelle on doit les protéger ?

Je réponds affirmativement. Je n'ai pas reconnu au tuteur d'un mineur de seize ans le droit à l'ouverture des lettres à cause de la protection due à ceux qui correspondent avec lui, mais le danger que l'on signale existe et l'on doit le prévenir ; aussi proposerai-je un système souvent adopté dans d'autres cas et dont la solution me paraît pratique et capable d'éviter ces dangers. Le tuteur apprend-il que son pupille entretient avec une personne étrangère une correspondance qui peut lui être nuisible, il s'adressera au juge des référés, obtiendra l'autorisation de se faire remettre les lettres du pupille, et toutes les fois qu'il en recevra dont la provenance lui paraîtra suspecte, il les portera au juge des référés, qui les détachera et jugera souverainement le point de savoir si on doit les lui remettre ou les brûler.

S'il y a un danger pour le mineur dans cette correspondance, on l'évitera et en même temps on respectera les droits de l'expéditeur, dont les confidences resteront à l'abri de toute indiscrétion. On appliquera par analogie l'article 187 de l'ordonnance de 1856, qui ordonne le renvoi devant le juge des référés de tous les litiges portant sur le droit d'arrêter des lettres à la poste.

Pour les curateurs des mineurs non émancipés et ceux des interdits, la solution ne souffre aucune difficulté après les explications que je viens de donner. On a élargi les droits du mineur non émancipé, on l'a délivré de la tutelle; c'est là une présomption qu'il est capable de se conduire dans la vie. Il sera libre de recevoir la correspondance qui lui est adressée et devra sur ce point être placé sur le même rang que les majeurs.

Quant aux curateurs des interdits, on devra adopter une solution identique. Représentant légal au point de vue pécuniaire de la personne interdite, son droit ne saurait s'étendre au-delà. Aucune raison n'est, dans cette situation, assez puissante pour apporter une exception au principe de l'inviolabilité du secret des lettres.

§ 5. — Ceux qui sont revêtus d'une autorité légalement reconnue.

a) DIRECTEURS DES PRISONS. — Dans les matières relatives à cette section, j'ai déjà parlé du droit d'ouverture des lettres qui appartenait au juge d'instruction pour arriver à la découverte de la vérité. En outre des saisies et perquisitions que ce magistrat a le droit de faire, il peut user encore du pouvoir que lui confère la loi d'ouvrir la correspondance des inculpés détenus.

Dès que ce dernier a subi une condamnation, il ne jouit plus de l'exercice du droit d'ouverture. Il peut envoyer des lettres, les recevoir, mais « aucun écrit « ne franchit le seuil de la prison sans que le directeur « en ait pris connaissance. Le détenu croit-il devoir « opposer son *veto ?* la lettre en litige est déférée à un « ou plusieurs des membres de la commission de sur- « veillance, qui prononcent en dernier ressort à la majo- « rité des voix (1). »

Cette restriction a été apportée dans un but discipli- naire que nous devons approuver; mais, ainsi qu'on le voit par la lecture du passage que je viens de citer, les droits de l'expéditeur sont sauvegardés par la discrétion imposée aux directeurs des prisons et aux membres de la commission de surveillance.

b) Vaguemestre. — Partant des mêmes principes, le Conseil d'État (2) a reconnu au vaguemestre d'un ré- giment un droit exhorbitant et qu'on n'osera maintenir. Seul, le vaguemestre a le droit de prendre à la poste les lettres adressées aux militaires de son régiment. Un militaire ne peut exiger la remise des lettres qui lui ont été adressées même poste restante.

Je ne sais comment qualifier, au point de vue du droit, une pareille décision. Il y a dans cet arrêt la violation la

---

(1) Dalsème. *Hommes et choses judiciaires*, p. 223 et s.
(2) Conseil d'État. 19 novembre 1880, *Gaz. des Trib.*, 20 nov. 1880.

plus directe et la plus injuste du droit de propriété. Le propriétaire de la lettre, c'est le destinataire de la lettre. A lui seul est reconnu le droit de remise. Y a-t-il donc de grands intérêts pour apporter une telle atteinte au droit de propriété? C'est en vue de la discipline, me répondrez-vous. Qu'a à faire la discipline dans ce cas; est-ce de la discipline que d'empêcher un soldat d'aller à la poste chercher les lettres qui lui sont adressées?

Si on a institué dans chaque régiment un vaguemestre, c'est afin de permettre au soldat de recevoir plus rapidement sa correspondance, afin d'empêcher les lettres de s'égarer, afin d'éviter les erreurs trop nombreuses qui pourraient se commettre, si un pareil service était fait par le facteur : tel est le but de son institution, que l'arrêt du Conseil d'Etat a méconnu, a voulu changer. Une pareille décision est une atteinte, non-seulement au droit de propriété, mais encore à la liberté du citoyen. Dans la caserne, le citoyen est militaire et soumis à toutes les obligations de ce service. En service, il est encore militaire, mais dès que vous lui permettez de reprendre sa liberté, dès que vous lui avez accordé le repos et le laissez libre d'aller et faire ce que bon lui semble, il reprend ses droits de citoyen. S'il veut écrire, pouvez-vous l'en empêcher? S'il veut se faire adresser une lettre par l'intermédiaire d'une tierce personne, pourriez-vous soutenir qu'un pareil procédé mérite répression? Non, on n'oserait se faire le champion d'une pareille théorie, et pourtant celle de l'arrêt du Conseil d'Etat n'est pas différente. Qu'est-ce que la poste restante ? n'est-ce pas un tiers, un mandataire, un intermédiaire chargé de recevoir les lettres de certaines personnes et de les leur remettre ?

On voit, par ces courtes explications, combien ce système est erroné, et il y a tout lieu de penser qu'après une plus mûre réflexion, le Conseil d'Etat reviendra sur sa première jurisprudence.

c) DIRECTEUR D'UNE MAISON D'ALIÉNÉS. — L'aliéné placé dans un hospice conformément à la loi de 1858, ne perd ni ses droits civils ni ses droits politiques, aussi a-t-on discuté le point de savoir si, renfermé dans l'asile, il perd l'exercice de son droit de propriété sur les lettres qui lui sont adressées.

Je le crois, si on consulte l'esprit du législateur de 1858. L'aliéné est placé dans un hospice en vue de sa guérison. On l'isole de la société, non pas à cause du danger incessant qu'il peut y avoir à lui laisser toute liberté, mais pour arriver plus rapidement à sa guérison et l'éloigner des choses et des lieux, cause première de sa folie. On donne au médecin tous pouvoirs sur lui, non-seulement sur le traitement à employer, mais encore sur la personne même du malade. A lui il appartient de régler les visites qu'il doit recevoir ; les personnes avec qui il pourra s'entretenir ; la durée de l'entretien.

A quoi serviraient toutes ces précautions, s'il n'avait pas le pouvoir d'éloigner le malade de toute influence extérieure ? Pourquoi lui défendre la visite de certaines personnes, s'il pouvait recevoir les lettres qu'elles lui adresseraient? M. Barthélemy (1), rapporteur de la loi, faisait valoir toutes ces considérations, qui ont permis à M. le conseiller Bertrand (2) de tirer cette conséquence adoptée plus tard par la Cour de cassation (3), que le directeur d'une maison d'aliénés avait le droit d'ouvrir et d'intercepter les lettres adressées à ses malades. Telle est aussi la législation anglaise, la seule d'ailleurs qui ait réglé dans ses dispositions ce point si important. L'intérêt des malades, qui est en même temps l'intérêt public, a dû faire fléchir le principe de l'inviolabilité.

§ 4. — Des syndics.

Aux termes de l'article 471 du Code de commerce, l'on doit remettre aux syndics, pour les ouvrir, les lettres adressées aux faillis. Cette remise, disent les auteurs, est nécessaire pour éviter qu'ils ne détournent les valeurs qu'elles pourraient renfermer et pour recueillir les renseignements qui pourraient y être contenus sur l'actif ou le passif de la faillite (4).

C'est la loi, il faut y obéir; mais quel retour vers les idées passées ! La pensée du législateur était bonne et la mesure prise utile et juste, mais fallait-il laisser ce pouvoir aux syndics ? N'y a-t-il pas à éviter les dan-

(1) Ch. des Pairs, 29 juin 1837.
(2) Société de législation comparée, 1870.
(3) Cass., 27 décembre 1875, P. 76, 241.
(4) Rivière. *Code de commerce*, p. 549.

gers que je signalais pour les tuteurs? Le syndic pourra tout lire, tous les secrets lui seront dévoilés, les misères de la famille, les confidences des amis, leur conduite! Il lira tout, verra tout et rien pourtant ne le forcera à jeter sur toutes ces choses le voile de l'oubli. S'il est un honnête homme, il le fera, sinon... où est la sanction?

Je reconnais qu'on devait protéger les créanciers contre les actes du failli, que l'ouverture de sa correspondance pourra le plus souvent être d'une grande utilité, mais ces pouvoirs ne devaient pas être laissés au syndic. Il y a un juge-commissaire assermenté qui a des devoirs à remplir; c'est à lui qu'il fallait laisser ce soin. Il y avait là une garantie pour l'auteur des lettres : on respectait le principe de l'inviolabilité tout en sauvegardant les intérêts pécuniaires.

Les dispositions de l'article 471 du Code de commerce ont été inspirées par un sentiment honnête et juste, mais la mise en pratique de l'idée première a été fort malheureuse.

TROISIÈME PARTIE

Utilité des lettres missives au civil, au commerce et au criminel.

(A). — DROIT CIVIL.

Pour saisir *à priori* toute l'importance des lettres missives en droit civil, il suffit de se rappeler cette expression si souvent répétée dans le cours de ce travail : « *Epistola est tacitus nuncius.* » La lettre est un mandataire muet qui sert à nous mettre en communication avec un absent, à rapprocher les distances, à transmettre l'expression de notre pensée, à fournir l'essence même de toutes nos conventions juridiques, c'est-à-dire la manifestation de notre volonté.

Notre droit moderne ayant secoué le joug du formalisme, le seul consentement est le plus souvent suffisant pour établir les rapports juridiques et faire naître les obligations.

Ces règles, si simples en apparence, sont hérissées de difficultés, lorsqu'en l'absence des parties l'on fait connaître sa volonté *per nuncium* ou *epistolam*. Il faut savoir quelles conditions le législateur a imposées aux parties pour éviter les fraudes et les erreurs; à quel moment le lien juridique peut s'établir; quels actes peuvent être faits en cette forme, questions délicates, essentielles, surtout pratiques et donnant lieu à des discussions fort graves sur lesquelles les auteurs et la jurisprudence ne sont pas toujours d'accord.

CHAPITRE PREMIER

Formation des contrats par correspondance.

Un contrat est l'accord de deux volontés sur un objet d'utilité juridique. De cette définition découle cette conséquence rigoureuse, qu'un contrat exige pour sa formation le consentement des deux parties. Comment se manifestera ce consentement? comment le lien juridique existera-t-il ?

SECTION PREMIÈRE

Des conditions requises pour la formation des contrats par correspondance.

La correspondance échangée entre les parties suffira pour donner la preuve de leur consentement. J'offre à Paul de lui vendre, moyennant 100, telle maison déterminée; il accepte. Plus tard, une contestation intervient entre nous, et Paul prétend qu'il n'y a pas contrat, car l'accord des volontés a fait défaut. Si cette convention est intervenue par lettres missives et que je puisse prouver à l'aide de la correspondance, d'une part mon offre, d'autre part l'acceptation, Paul sera lié à mon égard; le contrat aura pris naissance et chacun de nous sera soumis aux obligations diverses qui émanent de notre convention.

Si l'acceptation de Paul ne se trouvait pas expressément renfermée dans la lettre, le contrat existerait-il?

La Cour de Montpellier opta pour l'affirmative en 1818 (1), mais je dois dire que la Cour suprême cassa cet arrêt, contraire à la raison, qui ne saurait admettre que le silence d'une des parties équivaut à une affirmation; contraire à la loi (2), qui édicte ce principe indiscutable que pour établir un rapport juridi-

____

(1) Dalloz. *Oblig.*, n° 47-1°.
(2) Article 1101.

que, il faut l'accord manifeste, certain, non douteux des deux volontés.

Seules, des circonstances spéciales apportant la preuve certaine de l'acceptation peuvent tenir lieu de stipulation expresse (1). Ainsi, verra-t-on une acceptation tacite suffisante pour former le contrat, si le destinataire de la lettre où est renfermée l'offre a déjà eu avec l'auteur des rapports de mandat ou de gestion d'affaires (2); s'il est commerçant et s'adresse, pour une affaire déjà commencée, à un de ses confrères (3). Ce sera d'ailleurs une question de fait soumise à l'appréciation des tribunaux et sur laquelle ils seront souverains.

Donc, pour la formation des contrats par correspondance, il faudra surtout que les deux termes du rapport juridique formé ne soient pas douteux et contiennent la manifestation non équivoque de la volonté des parties. Il va sans dire, d'ailleurs, que l'article 1101 devra recevoir toute son application, sous peine de voir s'élever des fins de non-recevoir dont la validité pourrait entraîner la nullité de la convention.

Entre l'offre et l'acceptation, il est souvent nécessaire d'un temps matériel assez long pour faire parve-

---

(1) Paris, 10 août 1850, P. 51, 2, 620. — Paris, 17 avril 1852, P. 55, 2, 77, — Paris, 22 janvier 1853, P. 53, 2, 679. — Paris, 16 novembre 1853, P. 53, 2, 681. — Massé. *D. Comm.*, III, 1458. — Bordeaux, 17 janvier 1870, P. 70, 903. — Cass., 25 mai 1870, P. 70, 869.

(2) Cass., 3 juin 1845, P. 45, 2, 745. — 27 juillet 1863, P. 64, 171.

(3) Cass., 8 germinal an XI. — Aix, 5 mai 1826, P. 26. — Bordeaux, 3 juin 1867, P. 68, 804. — Alauzet. *D. Comm.*, II, 540. — Pardessus. *D. Comm.*, I, 253.

nir les lettres à destination ; les idées changent, l'objet de la convention peut périr ou être anéanti ; qui supporte les risques dans ce cas ? peut-on rétracter des offres déjà faites ? Toutes ces questions trouveront leur solution quand j'aurai fait connaître le moment où le contrat formé par lettres missives a pris naissance.

SECTION DEUXIÈME

A quel moment le contrat par correspondance est-il formé ?

Cette question est fort délicate. Nous avons bien décidé qu'il n'y avait de contrat qu'avec le concours de l'offre et de l'acceptation, mais à quel moment le lien juridique est-il formé ? est-ce au moment où l'acceptant a formellement exprimé sa volonté, ou bien lorsque la lettre contenant l'acceptation arrive à son adresse, ou bien encore après que l'auteur des offres a eu connaissance de cette acceptation ?

L'importance de ce point de droit étant considérable, je dois faire connaître les nombreux systèmes qu'il a fait naître en droit pur, systèmes que les Allemands ont classés en donnant à chacun d'eux un nom spécial.

Le système connu sous le nom de *la déclaration sensu stricto* veut, pour la validité du contrat, que le destinataire ait accepté, par écrit ou verbalement, les offres qui lui étaient faites. Le moment où le contrat prend naissance (1) est donc celui où le destinataire écrit qu'il accepte ou le dit à son messager.

Un autre le place au moment où l'on a jeté la lettre à la poste ou expédié le messager : c'est la théorie de l'*expédition* (2).

Celui de la *réception* rend le contrat valable dès l'arrivée de la lettre contenant l'acceptation au domicile de l'offrant. Qu'il soit absent, malade ou qu'il ne puisse pas lire la lettre, ces circonstances importent peu ; le seul fait de la réception de cette dernière lie les deux parties.

Ces trois dernières thèses sont d'ailleurs unies par un lien commun. Le contrat prend naissance après l'acceptation, mais avant que le sollicitant en ait eu connaissance.

Toute autre est la théorie de l'*information* qui s'oppose à la formation de tout lien juridique avant la connaissance de l'acceptation par l'offrant (3).

Enfin, il est un cinquième système appelé système *mixte* qui fait une distinction et rend le lien juridique obligatoire, suivant la qualité des parties. Ainsi, pour l'acceptant, le contrat n'est formé qu'après l'arrivée de sa lettre chez l'offrant ; pour ce dernier, au contraire, le lien juridique devient obligatoire dès qu'il y a eu acceptation (4).

(1) Puchta, — Savigny, — Dahu, — Arrêts de Rostock et de Mannhein.
(2) Serafini, — De Scheurl.
(3) Mittermaïer, — Vaugerow, — Wacchter, — Arndts, — Kegelsberg, — Baron, — Mayn, — Würth, — Troplong, — Jurisprudence des cours de Lubeck et Cassel.
(4) Winscheid (*Pandectes* § 306 et 308).

Que de subtilités dans ces cinq thèses! Enlevons les nuances, prenons le fond de chacune d'elles, et deux théories seulement resteront en présence : celle qui rend le lien juridique obligatoire au moment de l'acceptation; celle qui veut, en outre, que l'offrant ait eu connaissance de la volonté de l'acceptant.

En France, la doctrine est divisée en deux camps, chacun soutenant une de ces deux théories.

Les premiers raisonnent ainsi : La convention se formant par le concours de deux volontés, a lieu dès leur accord, règle générale qui, pour être inappliquée, devrait recevoir une exception expresse et formelle du législateur. Un seul texte paraît être en opposition avec ce principe, mais la seule lecture amène la conviction qu'il ne se rattache qu'à la matière des donations entre vifs et est seulement exigible à l'égard du donateur (art. 952).

Si on consulte d'ailleurs les textes en rapport direct avec la matière ; l'article 1101, qui rend inutile la connaissance de l'acceptation par le sollicitant ; l'article 1121, qui rend la stipulation valable et irrévocable quand le tiers a déclaré vouloir en profiter; les articles 1984 et 1985, qui statuent dans une espèce particulière le mandat, l'on acquiert la conviction que le législateur n'a exigé, pour la validité du lien obligatoire, que l'acceptation pure et simple, sans avoir besoin de cette autre condition : la connaissance de l'offrant. Telle est d'ailleurs la pratique commerciale, que l'on rendrait différemment impossible et contraire aux intérêts du négoce (1).

Pour ma part, je ne puis me ranger à cet avis.

On écarte l'article 952 du Code civil. Pourquoi ? est-ce à cause du caractère particulier et solennel de la donation ? S'il n'y a pas d'autre cause, elle ne peut amener à ce résultat. La solennité d'un contrat n'étant en effet que la forme dont on revêt un fait juridique et laissant intacts les principes, l'article 952 a posé des règles qui me paraissent contenir les vrais et seuls principes généraux.

Il faut, en effet, dans la formation des contrats entre absents, que les choses se passent comme si les parties étaient présentes. Or, dans ce dernier cas, pour établir le lien juridique, il faut que les deux volontés concourent et soient d'accord, que le sollicitant entende la réponse de l'autre partie. L'absent connaît-il l'acceptation tant qu'il n'a pas encore reçu la lettre, preuve de leurs conventions ?

On répond à cette argumentation en citant les dispositions des articles 1121, 1984 et 1985 ; quelle est la valeur de ces objections?

Le premier texte ne prévoit pas la difficulté. Par sa lecture il est, en effet, facile de se convaincre qu'il n'a aucun rapport direct avec elle et que les partisans de

___

(1) Savigny. *Systèm.*, VIII, p. 373. — Duranton. XVI, nº 45. — Demolombe. XXIV, nº 75. — Duvergier. *Vente*, I, nº 58. — Marcadé, art. 1108. — Alauzet. *C. Comm.*, II, 540. — Brocher. *Traité de droit intern. privé*, nº 119.

l'autre système, dans les déductions tirées de cet article, ont dépassé les termes de la loi.

Quant aux autres articles, ils édictent à mon avis une exception à la règle générale et n'auraient point été écrits s'il en avait été autrement. En matière de mandat, on était d'ailleurs dans l'obligation d'apporter une semblable dérogation. Les pouvoirs donnés au mandataire requièrent le plus souvent célérité, et on aurait rendu, dans la plupart des cas, ce contrat inutile s'il avait fallu, pour établir le lien juridique, attendre l'arrivée de l'acceptation du mandataire.

L'opinion (1) que je soutiens est d'ailleurs celle de la jurisprudence. Appelée à se prononcer sur la question elle-même (2), appelée à délibérer sur une question de compétence qui entraînait la résolution indispensable de celle-ci, elle n'a jamais changé et a constamment admis cette thèse (3).

A côté de ces deux systèmes absolus, MM. Aubry et Rau ont cru devoir adopter une opinion mixte. La lecture attentive de la note (4) qui a trait à cette question nous le révèle; j'ai ajouté l'épithète *attentive*, car les partisans des deux systèmes placent ces auteurs chacun dans leur camp.

Pourtant, ils ne peuvent être rangés parmi les partisans de notre système, puisqu'ils le critiquent; ils

---

(1) Larombière. I, p. 49. — Massé. *D. Comm.*, II, p. 94, et IV, p. 24. — Laurent. XV, 479. — Troplong. *Vente*, I, n° 22.

(2) Lyon, 27 juin 1867, P. 68, 726. — Bruxelles, 25 février 1867, P. 68, 726.

(3) Bourges, 19 janvier 1866, P. 67, 833. — Cass., 6 août 1867, P. 67, 1077.

(4) Aubry et Rau. § 343, note 26.

n'adoptent point non plus l'opinion que j'ai développée en premier lieu, puisque pour l'existence du
lien juridique ils veulent « que l'acceptation ait été
« annoncée par un moyen de communication qui n'é-
« tait plus au pouvoir de l'acceptant d'arrêter ou
« d'anéantir, » et ils ajoutent « c'est ce qui a lieu,
« par exemple, quand une offre a été acceptée au
« moyen d'une lettre déposée à la poste ou d'un télé-
« gramme. »

Leur véritable thèse est celle de M. Serafini, connue
en Allemagne, ainsi que je l'ai dit, sous le nom de
théorie de l'*expédition*.

Cette question, comme on le voit par l'examen de la
jurisprudence, se présente surtout en matière de droit
international privé; les auteurs qui ont traité cette
matière, M. Brocher par exemple, n'ont pas manqué
de la discuter, aussi je crois utile de faire connaitre
l'état des législations étrangères sur ce point.

Dans les pays étrangers, l'opinion la plus généralement accréditée est celle de la *réception*. Les Codes
prussien (1) et saxon (2) l'ont législativement reconnue.

En Suisse (3), on a préféré la thèse de M. Serafini
(théorie de l'*expédition*). Les Autrichiens (4) seuls
ont sanctionné notre système et porté leurs faveurs

(1) 1, 5 § 96, 105. — Code de commerce allemand, art. 321.
(2) § 815.
(3) Code fédéral des obligations, 4 juin 1881, art. 8.
(4) § 862.

sur le système de l'*information*. Si nous passons en Amérique, nous trouvons celui de la déclaration *stricto sensu* avec le Code civil de Mexico (1).

Cette question étudiée, il me sera maintenant facile, en tirant les conséquences logiques de ce point de départ, de vider les difficultés relatives aux rétractations d'offres et aux risques.

§ 1er. — Rétractation des offres.

a) DE L'AUTEUR DES OFFRES. — Les offres peuvent être rétractées par la volonté des parties ou de plein droit.

Ce dernier mode se présente dans quatre cas :

1° Lorsque l'offrant meurt avant l'acceptation de l'offre, avant la formation du lien juridique (2). Ici revient la question capitale ; à quel moment est-il établi ? Selon les systèmes connus et les législations on répondra à cette question ;

2° Lorsqu'il est devenu incapable avant l'acceptation, application du principe précédent ;

3° Lorsque l'acceptant a laissé passer le délai fixé par le sollicitant sans faire connaître son acceptation (3) ;

4° Lorsque l'acceptant n'a pas fait connaître sa volonté dans le délai moral nécessaire pour examiner la

(1) Art. 1412.
(2) Dalloz. *Oblig.*, J. G. 95.
(3) Bruxelles, 25 février 1867, P. 68, 726.

proposition qui lui était faite. Ce point, formellement reconnu par un arrêt de la Cour de cassation en 1870 (1) est fort sage; on ne peut en effet laisser indéfiniment dans l'attente l'auteur des offres. Dans l'espèce, la Cour suprême décida que quatre jours après la réception de l'offre le destinataire aurait dû l'accepter pour rendre le contrat obligatoire. Ce délai a été législativement fixé par certaines nations et varie avec elles.

Le Code de commerce allemand (2) considère cette question comme appartenant au domaine des faits; le Code fédéral suisse (3) adopte une solution identique, mais le code de Mexico (4) a limitativement déterminé ce délai et laisse à l'acceptant un délai de trois jours, plus le temps nécessaire pour l'aller et le retour; passé ce laps de temps, l'offre est anéantie de plein droit.

Si les circonstances précédentes font défaut et que l'auteur des offres veuille les rétracter, il peut le faire tant que le lien juridique n'a pas été établi (5); c'est la rétractation volontaire. Il aura donc le pouvoir de les retirer avant l'acceptation de celui qui les a reçues, si on adopte le premier système; jusqu'à la connaissance qu'il aura eue de sa volonté, si on se range à notre avis.

(1) Cass., 28 février 1870, P. 70, 763.
(2) Art. 319.
(3) Art. 5.
(4) Art. 1408.
(5) Demolombe. XIV, nos 64 et 65. — Aubry et Rau. IV § 202, no 12. — Laurent. XV, 476.

Il pourra arriver que l'auteur des offres ait fixé pour l'acceptation un certain délai. Dans ce cas, peut-il retirer ses offres avant l'expiration de ce délai ?

Non, dit M. Larombière (1), car on ne peut imposer de force à une personne un contrat contre la formation duquel elle a protesté.

Ce système ne me paraît pas acceptable. En fixant un délai, l'auteur des offres n'a pas établi un lien de droit, puisqu'il faut le concours des deux volontés, mais il a pris l'engagement de ne point se désister jusqu'à l'expiration du délai, clause obligatoire et qu'il ne saurait de son propre gré révoquer et rendre nulle (2). D'ailleurs, le Code fédéral suisse vient de sanctionner dans son article 5 cette thèse, que ne saurait détruire celle de M. Larombière.

b) DE L'ACCEPTANT. — Ici apparaît de nouveau l'intérêt de la grande question qui a fait l'objet de la première partie de cette section. L'acceptant peut-il retirer son acceptation ?

Non, si on admet les systèmes de la déclaration *stricto sensu* ou de l'expédition.

Oui, si on se range à l'avis de ceux qui préfèrent celui de la réception ou de l'information.

Comme pour l'auteur des offres, cette rétractation pourra avoir lieu de plein droit en cas de mort ou d'in-

(1) Larombière. Tome I, p. 12, n° 14, art. 1101.
(2) Bruxelles, 25 février 1867, P. 68, 726. — Lyon, 2 janvier 1867, P. 68, 726.

capacité; volontairement, lorsqu'elle sera arrivée avant la formation du lien juridique.

Une question commune à l'auteur des offres et à l'acceptant a fait l'objet de controverses. Dans le cas de rétractation, s'il y a eu un préjudice porté, l'auteur doit-il le réparer?

M. Laurent soutient la négative (1). L'offrant ayant le droit de rétracter son offre jusqu'à un moment déterminé, use d'un droit en agissant ainsi. Or, quel que soit le préjudice porté, il ne peut être tenu de le réparer, car qui use d'un droit ne fait éprouver aucun préjudice à personne.

Oui, l'auteur des offres, en les retirant, use bien d'un droit, mais l'exercice de ce droit doit être subordonné à la condition qu'aucun préjudice ne pourra léser les tiers, règle d'équité et de raison devant laquelle des textes législatifs seuls peuvent apporter une dérogation. *Nemo ex alterius facto prægravari potest*, disait-on avant la promulgation du Code civil; c'est en effet là le principe que l'on doit appliquer dans ce cas, aussi Pothier (2), la majorité des auteurs (3) et la jurisprudence (4) ont-ils préféré l'application de cette règle d'équité, laissant M. Laurent à peu près le seul partisan du système qu'il soutient.

(1) Laurent. XV, no 481.
(2) *De la Vente*, no 32.
(3) Duvergier. *De la Vente,* no 69. — Demolombe. XXIV, no 71. — Aubry et Rau § 343, no 17. — Larombière. 1, art. 1101.
(4) Bordeaux, 17 janvier 1870, P. 70, 903. — Cass., 28 février 1870, P. 70, 763.

c) Des héritiers. — Un arrêt de la Cour de Caen a décidé en 1812 (1) que les héritiers des deux parties pouvaient user de leurs droits, puisqu'elles les représentaient. Les offres n'étaient point faites *intuitu personæ*; de là, pouvoir pour les héritiers saisis d'user de ces droits, ces derniers faisant partie du patrimoine du *de cujus* (2).

Aujourd'hui, cette question ne se discute plus, car dans l'autre système on oubliait le véritable caractère de l'offre : la manifestation de la volonté d'une personne; l'offre est un fait essentiellement personnel, qui meurt avec celui qui l'a manifesté et ne peut former l'objet d'un droit sans le secours de l'acceptation. L'offre n'étant rien qu'un fait, qu'un aléa, ne peut donc faire partie du patrimoine d'une personne (5).

§ 2. — Des risques.

Si le concours des deux volontés a eu lieu, c'est-à-dire, dans notre opinion, si l'auteur des offres a eu connaissance de la lettre contenant l'acceptation, les risques de la chose objet du contrat sont pour le propriétaire *res perit domino*.

Mais, supposons qu'un dommage ait été éprouvé par le destinataire de la lettre renfermant les offres, qui

---

(1) Caen, 27 avril 1812, P. 1812.
(2) Duranton. XVI, n° 45.
(3) Toullier. VI, 31. — Demolombe. XXIV, 69. — Aubry et Rau § 343, note 16. — Larombière. I, 1101. — Cass., 20 juillet 1846, P. 46, 2, 610.

supportera la perte? est-ce l'auteur des offres ou le destinataire de la première lettre? Ce dernier aura-t-il action pour exiger là réparation du préjudice porté?

On l'a soutenu, et cette thèse a triomphé devant le tribunal de Cologne (1). Il s'agissait dans l'espèce non pas de lettres, mais de dépêches télégraphiques, ce qui permet déjà de douter que telle aurait été la solution de ce tribunal, si on s'était trouvé en présence de lettres missives. Pourtant, Ihering n'a pas vu de différence dans les deux cas et a cru devoir faire supporter la réparation du préjudice à l'expéditeur. Si la lettre s'est perdue à la poste, il y a faute de sa part, car il aurait dû prendre toutes les mesures nécessaires pour éviter ce fait et choisir un mode de transport plus sûr. Les précautions qu'il a prises n'ont pas été suffisantes; il aurait dû prévoir cette perte et l'éviter. Il y aurait, d'après cet auteur, une *culpa in eligendo* dont il doit réparation.

Il suffit d'énoncer ces raisons pour reconnaître de suite l'inadmissibilité de ce système. Il n'y a pas eu contrat. Donc, il faut écarter l'application de ces principes sur ce point. Reste un dommage causé au destinataire par l'expéditeur. En vertu de quel texte pourra-t-il en exiger la réparation? Un seul, à mon avis, pourrait être invoqué, l'article 1382, mais il est inapplicable. Pour s'appuyer sur les termes de cet article, il faut en effet qu'il y ait eu faute de la part de l'expéditeur. Or,

<hr>

(1) 4 avril 1856.

cette faute existe-t-elle si la lettre a été perdue à la poste? Il est impossible de répondre affirmativement. Donc, avec le tribunal de Lyon (1), décidons que les risques sont à la charge du destinataire, puisqu'il n'a droit à aucun dommage, sauf conventions contraires des parties ou faute de la part de l'expéditeur. Cette dernière hypothèse se présentera dans le cas où l'auteur des offres n'aurait pas pris tous les soins désirables; par exemple si la lettre n'avait pas été chargée ou recommandée. La Cour de Lyon ne va pas jusque-là. Pourtant, je crois cette conséquence logique, conforme à l'équité et à la raison.

CHAPITRE II

Preuve des actes et conventions.

Les lettres missives peuvent être produites à l'appui d'une demande. Souverains appréciateurs de leur valeur, les tribunaux pourront les admettre, les rejeter, les recevoir comme commencement de preuve. Tous ces points ont été établis, aussi je ne m'occuperai dans ce chapitre que de faire connaître les actes et conventions qui peuvent y être contenus. La nature de certains d'entre eux s'oppose en effet quelquefois à ce mode de preuve;

(1) Lyon, 27 juin 1867, P. 68-726.

leur forme demande l'emploi d'un écrit différent, les conditions requises pour leur validité ne pouvant contenir dans la correspondance des parties.

SECTION PREMIÈRE

De la preuve des contrats.

§ 1er. — Des conventions synallagmatiques et unilatérales.

Nos conventions ayant lieu *solo consensu,* on pourra, en produisant les lettres qui contiennent le consentement des parties, prouver leur existence. L'auteur des offres et l'acceptant livreront leur correspondance, qui permettra d'établir la vérité des faits, le lien qui unit les parties. Personne n'a osé contester ces principes pour le cas où la convention des parties est unilatérale, mais si on se trouve en présence de contrats synallagmatiques, apparaît l'article 1525, qui élève un doute et fournit matière à discussion.

D'après M. Laurent (1), l'article 1525 s'opposerait à la preuve des contrats synallagmatiques par correspondance. Les dispositions de cet article exigent en effet un écrit fait en double, un acte dont les lettres ne pourraient tenir lieu.

Il ne veut d'autres arguments, pour assurer la vérité

(1) Laurent. XIX, 224.

de cette assertion, que le silence même de la loi, son esprit qui ressort des dispositions de l'article 1985, article exceptionnel, et qui montre bien que le droit commun est contraire; l'article 109 du Code de commerce, dont la règle était inutile si les rédacteurs du Code civil avaient voulu émettre une thèse similaire.

Pour lui, la vérité est dans l'article 1341, formel, décisif, dont on ne saurait étendre les dispositions, et qui exige pour faire la preuve d'une convention synallagmatique un acte écrit et conforme aux textes des articles 1325 et 1341.

Cette théorie, il faut l'avouer, est fort séduisante. Elle avait entraîné tout d'abord la conviction de Toullier (1), qui plus tard l'abandonna pour se ranger à l'avis de Merlin et des jurisconsultes qui devaient lui succéder.

L'article 1325 est, en effet, un article exceptionnel apportant une dérogation à tous les principes de droit commun, mais qu'on doit restreindre aux cas pour lesquels il a été fait, c'est-à-dire pour ceux où toutes les parties contractantes doivent signer. Or, une lettre ne pouvant recevoir d'autre signature que celle de celui qui l'écrit, rend l'article 1325 inapplicable. En s'obligeant par lettres, les parties sont d'ailleurs présumées traiter verbalement, ce qui rend admissible tous les modes de preuve.

Quant à l'article 109 du Code de commerce, qui fait l'objet d'une objection, il ne me paraît pas concluant.

____

(1) Toullier. VIII, p. 484.

La loi, dans ce texte, a voulu énumérer les modes de preuve employés en matière commerciale et sa mention dans cet article ne peut servir à démontrer qu'il y a une exception au droit commun (1).

L'opinion émise par M. Laurent ne me paraît donc pas devoir l'emporter et, ainsi qu'il sera facile d'en avoir la preuve dans le paragraphe suivant, la jurisprudence a repoussé son système.

§ 2. — Application de cette théorie dans les divers contrats nommés.

Si l'on ne trouve pas d'arrêts posant en thèse générale les principes précédents, il existe pourtant de nombreuses décisions qui, sur des questions d'espèces, les ont reconnus et sanctionnés.

Ainsi, la vente, contrat synallagmatique, peut être constatée par correspondance, si elle contient la preuve formelle et non équivoque qu'il y a eu offre et acceptation (2).

Suivant cette voie, la jurisprudence a étendu si loin cette thèse, qu'elle a reconnu à l'égard des tiers la validité des contrats formés par lettres missives. Il suffira de transcrire les pièces établissant l'accord des parties

(1) Merlin. *Rep. Double écrit*, XI. — Toullier. VIII, 318. — Troplong. *Vente*, n° 28. — Larombière. IV, art. 1325. — Demolombe. XXIX, 430. — Dalloz. J. G., *Oblig.*, n° 4021.

(2) Cass., 26 janvier 1812, P. 42, 2. 667. — Cass., 21 décembre 1846, P. 46, 2, 761. — Rennes, 25 mars 1815. P. 1815. — Caen, 7 août 1820, P. 1820. — Pothier. *Vente*, n° 32. — Delvincourt. III, p. 133. — Troplong. *Vente*, n° 21.

pour faire produire ses effets à la vente formée par correspondance (1).

Quelles pièces faut-il faire transcrire pour pouvoir opposer aux tiers la translation de la propriété? Question fort discutée. Suivant les uns, il suffit de la transcription de la pièce qui donne une connaissance suffisante de l'acte passé (2); suivant la Cour de Paris, il faudrait transcrire toutes celles qui ont un rapport direct avec l'affaire (3).

Sans entrer dans la discussion de ces deux systèmes, dont la place est marquée dans un travail sur la transcription, je crois pouvoir affirmer que la véritable solution a été donnée par la Cour de Paris et que c'est dans son camp que l'on doit se ranger. Elle offre plus de garanties et est plus conforme à la loi et à son esprit.

Comme la vente, le bail formé par lettres missives est valable et peut être prouvé par ces écrits. La Cour de Nancy (4) s'est formellement prononcée sur ce point en 1840 et reçut quelques années plus tard l'adhésion de la Cour suprême (5). Comme précédemment, nous trouvons M. Laurent (6) en opposition formelle avec ce système, qui ne peut, selon lui, donner satisfaction aux dispositions de l'article 1325.

Le louage d'industrie étant un dérivatif du louage de

(1) Paris, 6 mars 1865, P. 66, 594.
(2) Mourlon *Transc.*, I, n° 26 et 27.
(3) Paris, 6 mars 1865, P. 66, 594.
(4) Nancy, 4 avril 1840, Dalloz. J. G., *Louage*, 116.
(5) Req. 2 juillet 1849, P. 1849. — Seine, 11 juin 1880. *Gaz. Trib.*, 30 juin 1880.
(6) Laurent. XXV, 353.

choses, on comprend qu'il n'y ait pas eu de difficulté à faire admettre la même solution. L'exemple le plus pratique en cette matière se trouve dans les engagements intervenus entre les artistes et les directeurs de théâtre. La plupart de ces conventions se font par lettres, aussi la solution à donner a-t-elle été une des premières qui ait été l'objet d'un litige devant les tribunaux (1).

Pour les contrats de mandat (2) et de société (3), solutions identiques adoptées par la jurisprudence.

La transaction a fourni à M. Laurent (4) l'occasion de revenir sur sa thèse, mais convenons que le choix n'a pas été heureux, la généralité des termes de l'article 2044 tranchant la question, argument irréfutable et sur lequel la jurisprudence (5) a basé sa décision en confirmant à nouveau notre système.

Des explications que je viens de donner, il résulte donc que toutes les fois que les tribunaux se sont trouvés en présence de contrats synallagmatiques dont on demandait à faire la preuve à l'aide de la correspondance des parties, ils ont adopté le système dont j'ai tâché de démontrer le bien-fondé et rejeté celui que M. Laurent a d'ailleurs présenté avec cette clarté et cette force de raisonnement que l'on rencontre dans son œuvre.

---

(1) Dalloz. J. G., *Théâtre*, n° 189.

(2) Cass., 6 février 1825, *B. des arrêts*, 1825. — Req. 28 juin 1825, *B. des arrêts*, 1825. — Art. 1985 du Code civil.

(3) Req. 8 novembre 1830, P. 1830. — Dalloz, J. G., *Société*, 78, 207 et 208.

(4) Laurent. XXVIII, n° 370.

(5) Req. 4 avril 1821, *B. des arrêts*, 1821. — Paris, 5 janvier 1807, D. 07, 2, 39.

SECTION DEUXIÈME

Des actes dont les lettres missives peuvent tenir lieu.

Certains actes rentrant dans la catégorie des actes unilatéraux peuvent être valablement faits par lettres. Dans ce cas, leur production suffira pour donner la preuve de leur existence.

a) ACTES INTERRUPTIFS DE PRESCRIPTION. — Les lettres peuvent ainsi tenir lieu d'acte interruptif de prescription. Envoie-t-on par exemple une lettre contenant reconnaissance d'une dette, elle servira au créancier pour se défendre, si l'on venait à invoquer la prescription (1). Convoque-t-on aux Assemblées générales par lettres un actionnaire de la société, on interrompt la prescription de trente ans qui court contre tout associé restant pendant ce laps de temps sans prendre part aux assemblées (2).

La valeur des lettres comme actes interruptifs s'imposait. Tout écrit pouvait, en effet, interrompre la prescription; on était dès lors dans l'impossibilité de les écarter, ce qu'a très-bien reconnu M. Laurent (3) qui, dans l'espèce, s'est rangé à cet avis.

(1) Agen, 15 mars 1810. — Cass., 16 décembre 1828, P. 28. — Cass., 11 mai 1842, P. 42, 2, 574. — Cass , 29 juin 1842, P. 42, 2, 347.
(2) Douai, 22 mars 1852, D. 55, 2, 264.
(3) Laurent. XXXII, 128.

b) ACCEPTATION ET RENONCIATION D'UNE SUCCESSION ET D'UN LEGS. — Pour la valeur de la lettre comme tenant lieu d'acceptation (1) d'une succession, la question est controversée.

MM. Demante (2) et Laurent (3), refusant de considérer une lettre comme un acte et ne pouvant faire rentrer le titre privé voulu par l'article 778 du Code civil dans la catégorie des actes faits conformément aux dispositions des articles 1525 et 1526 du Code civil, refusent de reconnaître comme valable toute acceptation contenue dans une lettre.

Je ne puis adopter ce système. La règle générale de notre droit est que tout écrit contenant l'expression de la volonté de son signataire peut donner la preuve de son contenu, à moins d'une opposition formelle de la loi. Or, l'article 778 s'y oppose-t-il? On ne peut faire ressortir la négative ni de ses termes ni des autres dispositions. Nous devons donc rentrer dans les principes généraux qui, à leur tour, rendent la thèse de MM. Demante et Laurent mal fondée et en contradiction directe avec eux (4).

Pour l'acte contraire, la renonciation, nous nous trouvons en présence d'un article formel, 784, qui exige pour sa validité une forme spéciale qu'une lettre ne saurait contenir.

(1) Article 778.
(2) Demante. III, nº 98 *bis*, 1.
(3) Laurent. IX, 289.
(4) *Sic* Aubry et Rau. § 611 *bis*, note 3. — Demolombe. XIV, 330. — Dalloz.
J. G., *Succ.*, 448.

Les termes de cet article ont donné lieu à une difficulté. Faut-il, pour la renonciation à un legs, suivre les règles édictées par cette disposition légale ? La Cour de Toulouse (1), après les conclusions conformes de M. l'avocat-général Fabreguettes, a résolu négativement la question. L'article 784 s'appliquant seulement aux successions, l'on devait rentrer dans le droit commun et reconnaître la validité d'une renonciation à un legs fait par lettres.

Cette solution , que j'approuve entièrement, fait donc une distinction pour le cas où il y a renonciation à une succession ou à un legs. Dans le premier, en effet, l'héritier, successeur de la personne, délaisse un droit pour lequel l'abandon est assez rare ; on devait donc prendre toutes précautions utiles pour ne laisser aucun doute sur ses intentions ; dans l'autre, au contraire, de nombreuses raisons peuvent faire admettre qu'on ne veut user d'une faveur préjudiciable aux droits des véritables héritiers ; on devait donc se montrer plus large et offrir tous les moyens pour la renonciation au legs. Tel est, ce me semble, en présence du silence de la loi, son véritable esprit et la meilleure solution sur la question.

Faute aussi de disposition formelle apportant une dérogation au principe que tout écrit signé de la partie à qui on l'oppose peut faire preuve contre elle, je déciderai avec la Cour de cassation (2) que la preuve

(1) Toulouse, 20 janvier 1881, P. 81, 444.
(2) Cass., 22 avril 1851, P. 53, 2, 278.

de demande en délivrance d'un legs exigée par l'article 1005 du Code civil pourra résulter de la correspondance du légataire et de l'héritier réservataire.

c) MISE EN DEMEURE. — De même donc que l'on peut par lettre mettre en demeure l'héritier réservataire de faire la délivrance d'un legs, de même quelques jurisconsultes ont pensé que la mise en demeure, en prenant cette expression dans son sens légal et vrai, pouvait résulter de simples lettres missives.

Pourtant, la jurisprudence est très-divisée sur ce point. En 1821, la Chambre des requêtes (1), en 1871 et 1874 les Cours de Rennes (2) et de Paris (3) jugeaient en ce sens; mais en 1876, la Cour de Cassation (4) se prononça en sens inverse et battit en brèche sa première jurisprudence. Ce conflit entre l'ancienne décision et la nouvelle se termina en 1878 (5) par un retour vers le passé. Après un plus mûr examen et une étude plus réfléchie des règles en matière de preuves, la Cour de cassation revenait à son ancienne jurisprudence.

Il ne faut pourtant pas étendre cette règle à toutes les matières. Ainsi, en matière de résiliation de contrats d'assurances sur la vie pour non-paiement du

(1) Req. 15 mars 1821. — Dalloz. J. G., *Mandat*, 270-1º.
(2) Rennes, 5 juin 1871, P. 71, 562.
(3) Paris, 6 novembre 1874, P. 76, 1026. — Paris, 1er décembre 1874, P. 76, 1026.
(4) Cass., 26 avril 1876, P. 77, 48.
(5) Cass., 19 février 1878, P. 78, 545

prix, on ne peut regarder comme tenant lieu de la mise en demeure exigée par l'article 1139 du Code civil, la lettre chargée envoyée par la compagnie à l'assuré. Trois fois la compagnie *la Nationale* est venue devant les tribunaux soutenir la thèse contraire, trois fois l'on a rendu des décisions contraires à ses conclusions (1).

d) Point de départ du dol. — L'article 448 du Code de procédure civile a fait naître une question sur laquelle la Cour de Bruxelles s'est prononcée, et qui sera, je le crois du moins, fertile en conséquences. Une lettre peut-elle servir à démontrer le point de départ du dol commis par son auteur ?

La juridiction (2) dont je viens de parler s'est prononcée pour la négative, donnant cette raison que la lettre ne rentrait pas dans les écrits dont parle le législateur dans l'article 488.

A mon avis, l'on doit faire une distinction : si la lettre n'a point été enregistrée, on ne pourra valablement la produire en justice ; dans le cas contraire, pourquoi ne pas lui donner sa valeur véritable? Qu'a voulu la loi ? Connaître un point de départ sûr, certain et non équivoque. Que ce soit une lettre qui en fasse mention ou tout autre acte, pourvu que ces pièces soient revêtues de la formalité de l'enregistre-

____

(1) Seine, 4 juin 1880 (*Gaz des Trib*, 5 juin 1880). — Cass., 30 août 1880 (*loco cit.*, 31 août 1880). — Seine, 16 décembre 1880 (*loc. cit.*, 18 janv. 1881).
(2) Bruxelles, 24 janvier 1822, P. 1822.

ment, n'a-t-on pas atteint le but demandé ? Si la réponse est affirmative, je crois qu'il n'est pas possible, dans ce dernier cas, de rejeter cette solution.

SECTION TROISIÈME

Des testaments.

La valeur d'une lettre comme testament est une question bien ancienne. Les Romains la discutaient ; l'ordonnance de 1755 avait prévu le cas et se prononçait pour la nullité d'une pareille disposition.

Aujourd'hui, les termes de l'article 970 du Code civil nous permettent d'être plus larges. Le testament olographe n'exigeant, en effet, pour sa validité que l'écriture du *de cujus*, la date et la signature, on ne pouvait adopter toute autre solution.

La jurisprudence (1) comme les auteurs (2) sont unanimes sur ce point, aussi suffit-il de faire quelques précisions, qu'un jugement du tribunal civil de Laon (3) a résumées avec une exactitude complète.

Pour la validité du testament olographe fait par

---

(1) Poitiers, 16 mars 1864, P. 65, 338. — Paris, 19 mars 1873, P. 73, 716. — Cass.. 13 août 1878, P. 80, 119. — Cass., 10 janvier 1879, P. 80, 259.

(2) Merlin. Rep. *Testament*, sect. 2 § 1er, art. 5. — Toullier. V, no 378. — Delvincourt. II, 511. — Duranton. IX, no 26. — Marcadé. Art. 970, no 5. — Aubry et Rau. VII § 668. — Demante. IV, no 115 *bis*, 6. — Demolombe. IV, 125. — Laurent. XIII, 180.

(3) Trib. de Laon, 20 juillet 1880, *Gaz. des Trib.*, 30 août 1880.

lettre, il faut, lit-on dans ce jugement : 1° que la lettre ne renferme pas un simple projet, mais bien une volonté définitive et arrêtée; 2° quelle réalise par elle-même cette volonté; 3° quelle contienne les formalités exigées par l'article 970 du Code civil. C'est aussi pour n'avoir pas rempli la première condition que ce même tribunal déclarait non valable le testament fait par lettres, qui était l'objet du litige.

Les applications de ces règles par la jurisprudence sont fort nombreuses, aussi ne citerai-je que les principales et celles qui ont un rapport direct avec le sujet que je traite.

On a considéré les dispositions contenues dans le *post scriptum* (1) comme nulles, celles-ci n'étant ni datées ni signées. La signature est, en effet, une des conditions édictées par l'article 970 du Code civil et essentielles; c'est pour ce motif qu'on déclara non valable la signature qui consistait seulement dans le prénom et la lettre initiale d'un individu (2).

Ce principe n'a pourtant pas toujours été suivi avec une grande sévérité. Ainsi, en 1824 (3), on reconnaissait la validité du testament d'un évêque qui avait mis comme signature ses initiales, ses prénoms et le nom de son évêché; en 1848 (4), le sobriquet même d'une personne a pu en tenir lieu.

(1) Grenoble, 22 février 1865, P. 65, 721.
(2) *Ibid.*
(3) Cass., 23 mars 1824, P. 24.
(4) Paris, 7 avril 1848, P. 48, 1, 410.

La jurisprudence de ces arrêts n'est pas à suivre. Sans vouloir marcher sur les traces des Romains et introduire trop de solennité dans le droit, je crois cependant qu'il est bon d'exiger l'accomplissement des conditions imposées par l'article 970, car seules elles pourront prévenir les fraudes si faciles et si nombreuses en cette matière.

———

(B). — DROIT COMMERCIAL

CHAPITRE PREMIER

Des contrats.

§ 1er. — Formation et preuve.

En matière commerciale, l'utilité des lettres missives est peut-être plus grande qu'en droit civil. La plupart des contrats qui interviennent entre commerçants se font par lettres, de sorte que la correspondance des parties sert à la fois à établir les rapports juridiques et à donner la preuve de leur existence.

Les principes qui président à la formation des contrats par correspondance en matière civile, s'appliquent aux conventions intervenues entre commerçants. Une seule exception existe, due à la qualité particulière du négociant à l'égard de son confrère, avec lequel il est entré en relation d'affaires. Les auteurs (1) et la jurisprudence (2) ayant considéré ces derniers comme les *negotiorum gestores* les uns des autres, ont établi une présomption d'acceptation d'offres toutes les fois qu'ils garderaient le silence sur une proposition émanant de leurs confrères, principe qui a trouvé dans l'article 323 du Code de commerce allemand une sanction législative.

En matière de société, on a cru pourtant devoir rentrer dans le droit commun. A raison des fraudes trop faciles qui se produisent sous le couvert d'un contrat de société ; à raison de l'intérêt qu'il y a à rendre toutes conventions de cette nature certaines et non équivoques, on a décidé que toute demande d'actions n'engagera l'auteur de ces offres que s'il y a acceptation expresse de la part du gérant (3).

Sauf ce cas tout spécial, les facilités les plus grandes sont accordées aux commerçants : toutes leurs lettres, même non datées (4), font foi en justice et celles des tiers (5) peuvent aussi, mais dans des cas spéciaux seulement, servir de preuve aux engagements pris par

(1) Merlin. *Quest. compte-courant* § 1er.
(2) Cass., 8 germinal an XI, P. an XI. — Aix, 5 mai 1826, P. 26.
(3) Paris, 10 août 1850, P. 51, 2, 629 et 16 novembre 1853, P. 53, 2, 681.
(4) Gauthier. *De jure comm.*, p. 359.
(5) Cass., 24 juillet 1821, P. 22.

les parties. C'est, en effet, dans les documents de cette nature que l'on puise les renseignements utiles aux contestations, aussi la loi fait-elle un devoir (1) aux commerçants de transcrire toutes les lettres qu'ils envoient sur un livre appelé livre-copie et de mettre en liasse celles qu'ils reçoivent. La sanction de cette prescription se trouve dans les peines qu'ils peuvent encourir et dans la non-valeur de toutes les lettres qui ne sont pas couchées sur le dit livre (2).

Avant de terminer sur ce point, je rappelle qu'aux termes de l'article 109 du Code de commerce, les obligations synallagmatiques peuvent être prouvées par lettres missives, texte qui évite toute discussion sur ce point en matière commerciale.

§ 2. — En quel lieu le contrat est-il censé s'être formé lorsque les deux commerçants appartiennent à des nations différentes ?

Cette question, toute spéciale au droit commercial, appartient au domaine du droit international privé. Un Français et un Anglais concluent par lettres une convention. Une contestation s'élève plus tard entre eux sur le mode de formation du contrat ; quelle est la législation qui va les régir ?

Les explications que j'ai déjà fournies sur le point de savoir à quel moment le contrat formé par corres-

(1) Art. 8 du Code de commerce.
(2) Bordeaux, 18 mai 1820, P. 20. — Cass., 8 mai 1858, P. 50, 326. — Cass., 18 février 1874, D. 70, 1, 304.

pondance prenait naissance vont nous donner tous les éléments nécessaires pour résoudre cette question.

Admet-on que le lien juridique est formé dès l'acceptation, on devra décider dans notre espèce que la législation du lieu du domicile du destinataire de la lettre contenant les offres sera appliquée. Si, au contraire, on se range à l'avis de ceux qui placent la formation du contrat après que l'auteur des offres a pris connaissance de l'acceptation, c'est la législation du lieu du domicile de l'auteur de la lettre qui régira les conventions des parties.

Ainsi, en Allemagne (1), en Suisse (2), au Mexique (3), où l'on a admis le premier système, l'on décide que ces diverses législations seront appliquées si l'on accepte l'offre dans ces pays; au contraire, en Italie (4), en France (5), en Autriche (6) et en Belgique (7), on admettra une thèse opposée.

Cette dernière difficulté conduit donc à une question de compétence qui pourra souvent se présenter devant les tribunaux et dont la solution variera avec les pays.

Laissons de côté l'hypothèse où la convention intervient entre deux négociants étrangers et passons au cas où deux négociants français ont traité par lettres missives; quel est le tribunal compétent?

(1) Art. 321 du Code de commerce.
(2) Art. 8, Code fédéral, *Oblig.*, 4 juin 1881.
(3) Art. 1412.
(4) Art. 40, Code de commerce.
(5) Cass , 6 août 1867, P. 67-1077. — Chambéry, 8 juin 1877, P. 77, 1020.
(6) § 862.
(7) Liège, 15 février 1876. Pasicrisie, 76, 2, 145.

§ 5. — De la compétence des tribunaux français.

Pour voir toute la portée de cette question, il faut se rappeler qu'aux termes de l'article 420 du Code de procédure civile, le commerçant peut assigner son confrère, non-seulement au lieu de son domicile, mais encore au lieu où la promesse a été faite et la marchandise livrée. Donc, trois tribunaux pourront être compétents pour vider le litige.

Mais on choisit, supposons-le, le lieu où la promesse a été faite. Si la convention a été traitée par lettres, quel est ce lieu? est-ce celui d'où est datée la lettre d'acceptation? où elle a été adressée? ou bien encore le lieu où la lettre d'acceptation est arrivée à la connaissance de l'auteur de la promesse?

Ces trois hypothèses ont produit trois systèmes. Le premier, soutenu par des arrêts déjà anciens (1) et remis en vigueur en 1873 par la Cour de Rennes (2), prend pour le lieu de la promesse celui du départ de la lettre d'acceptation; là, dit-on, a eu lieu le concours des deux volontés.

Pour les Cours de Bourges (3) et de Lyon (4), le lieu de la promesse est celui où l'auteur des offres a reçu

<hr>

(1) Caen, 17 juillet 1810. P. 10. — Bourges, 10 janvier 1832. — Limoges, 19 janvier 1828. — Cass., 27 août 1830.
(2) Rennes, 6 février 1873, P. 73, 1084.
(3) Bourges, 19 janvier 1866, P. 66, 833.
(4) Lyon, 29 avril 1875, P. 1875, 1080.

la lettre d'acceptation. Le concours des deux volontés ne pouvant avoir lieu qu'après que l'acquiescement aux offres a été connu du pollicitant, le lieu de la réception de la lettre indique la compétence du tribunal. Si l'auteur des offres est absent et qu'on fasse suivre la lettre, ce sera encore le lieu de destination qui fixera sur la compétence.

La Cour de Chambéry (1) n'a pas voulu admettre cette dernière conséquence, la croyant contraire à l'esprit de la loi. Partant de ce principe, déjà reconnu comme vrai, que le lien juridique n'est formé qu'après la connaissance prise par l'auteur des offres de l'acceptation, elle a préféré choisir pour le lieu de la promesse celui où l'auteur des offres a reçu et connu l'acceptation.

Cette dernière solution amènera certainement de grandes difficultés pour arriver à la fixation de ce lieu; pourtant telle serait en droit civil, à mon avis, la solution à adopter, si le lieu de la promesse pouvait influer sur la compétence.

En matière commerciale, où la plupart des procès reposent sur des points de fait, il ne me paraît pas que l'on doive adopter de pareils systèmes, et la Cour de cassation (2), appelée en 1867 à se prononcer sur cette question, a donné, ce me semble, la meilleure solution. « En matière commerciale, lit-on dans cet arrêt, le « moment de la formation du contrat étant surtout une

(1) Chambéry, 8 juin 1877, P. 77, 1020.
(2) Cass , 6 août 1867, P. 67, 1077.

« question de fait, il appartiendra aux tribunaux
« d'apprécier ce point et leur décision sera souve-
« raine. » On abandonne le droit strict pour entrer
dans le domaine des faits, décision que je ne saurais
trop approuver, le droit commercial prenant surtout
ses sources dans les usages et non dans la tradition
écrite.

CHAPITRE II

Matières spéciales au Droit commercial.

SECTION PREMIÈRE

De la faillite.

En matière de faillite, si les lettres missives ne jouent
pas un grand rôle, elles occupent du moins une grande
place. C'est grâce à elles que l'on convoque les créanciers de la faillite aux diverses réunions. L'article 540
du Code de commerce fixe en effet ce mode spécial d'a-
vertissement reconnu par les Cours de Caen (1) et d'Alger (2) comme essentiels à la validité de la réunion. On
évite ainsi les surprises que le failli aurait intérêt à faire,

(1) Caen, 7 juin 1863, J. de la Cour de Caen, 63, 55.
(2) Alger, 30 novembre 1878, P. 79, 606.

et on adhère au vœu général de tous les commerçants, qui demandent le moins de formes et d'actes possibles et le plus de célérité.

SECTION DEUXIÈME

De la lettre de change.

En matière de lettre de change, on s'est demandé si l'acceptation exigée par l'article 122 du Code de commerce pouvait être faite par lettres. Le doute vient des dispositions de cet article, qui semble imposer l'acceptation sur l'acte lui-même, c'est-à-dire l'emploi d'une forme solennelle.

La Cour de cassation (1) a compris ce texte dans ce sens. Elle y voit un mode solennel prescrit par le législateur et trouve la confirmation de sa thèse dans l'article 142, qui apporterait une exception inutile s'il en était différemment; dans la tradition connue des rédacteurs du Code de commerce, qui connaissaient la discussion intervenue à ce sujet sous l'empire de l'ordonnance de 1673 et auraient résolu la question, si elle n'avait point été contenue dans les principes généraux (2).

Prenant pour base d'une argumentation nouvelle la

(1) Cass , 16 avril 1823, P. 23, 2, 337.
(2) Lyon, 21 août 1827, P. 27, 3, 231. — Paris, 11 mai 1847, P. 47, 1, 591. — Persil. Art. 122, n° 7. — Massé. VI, n°s 196 et 197. — Bravard, III, 237.

maxime si souvent appliquée en matière commerciale :
« *Posteriores leges ad priores pertinent nisi contrariæ
sint,* » quelques auteurs ont adopté une solution contraire. Dans l'ancien Droit, en effet, cette solution était
adoptée et nos lois n'ont point dérogé sur ce point.
Si on avait voulu qu'il en fût ainsi, on aurait apporté
une sanction au non accomplissement de cette formalité ;
on aurait infligé une peine en prononçant la nullité. Au
contraire, la lettre de change est valable et parfaite sans
acceptation, ce qui semble bien indiquer une idée
contraire à celle qu'a émis la Cour de cassation (1).

Pour moi, qui rentre dans le camp des partisans de
ce dernier système, je le crois vrai. J'approuve les raisons qu'ils invoquent : de plus, je ne puis penser que le
législateur du Code de commerce, si soucieux d'apporter partout la liberté dans les affaires et de lever tous
les obstacles, ait pu mettre une entrave de cette nature
au libre cours des affaires. Les législations étrangères
ont si bien compris le préjudice qu'une pareille décision
apporterait aux affaires, que toutes ont adopté le système que je défends.

C'est cette raison d'ailleurs qui a amené la jurisprudence à osciller constamment entre ces deux systèmes.
En 1823 (2), la Cour de cassation se prononce en faveur de la première théorie ; en 1859 (3) elle l'abandonne

---

(1) Locré. Sur art. 122. — Merlin. Rép., *Lettre de change* § 4, nº 10.
— Alauzet. II, nº 841.
(2) Cass., 16 avril 1823, P. 23, 2, 337.
(3) Cass., 27 juin 1859, P. 60, 721.

en partie : la lettre ne peut pas valoir comme acceptation complète, mais on pourra la considérer comme
un engagement subordonné à la condition que les fonds
seront livrés en temps utile. En 1862 (1), revirement
soudain, et ce n'est pas sans étonnement que l'on signale une décision nouvelle qui consacre au moins en
partie la thèse contraire. L'article 122 exige que l'acceptation soit exprimée sur la lettre de change par le mot
accepté, suivi de la signature du tiré; mais cette disposition légale n'exclut pas « d'une manière absolue tout
autre mode, et notamment une acceptation par lettre
missive. »

Telle est la vraie solution qui, seule, répond aux besoins du commerce et à l'esprit de la loi, aussi aurait-on
dû la sanctionner et la jurisprudence la confirmer. Ce
n'est pourtant pas la voie suivie par la Cour de Paris (2)
qui, deux ans après l'arrêt de 1862, rendait une décision
contraire et reprenait l'ancien système de la Cour de cassation. Depuis cette époque, je ne connais pas de documents de jurisprudence (3) sur la question, mais tout
porte à croire que les Cours suivront à l'avenir le dernier système de la Cour de cassation, seul en harmonie
avec les besoins commerciaux et l'ensemble de nos lois
commerciales.

Cette même question s'est présentée sous un aspect
nouveau. L'acceptation d'une lettre de change par let-

(1) Cass., 14 mai 1862, P. 62, 1835.
(2) Paris, 19 mars 1864, P. 65, 491.
(3) Pendant l'impression, a paru : Toulouse, 19 novembre 1881. *Gaz.
des Trib. du Midi,* du 11 décembre 1881.

tres lie-t-elle le tireur et le porteur au tiré ou seulement le tireur au tiré?

Les partisans de ce dernier système (1) n'invoquent d'autre argument en leur faveur que ce principe discuté et par suite fort douteux que l'on ne peut accepter une lettre de change par lettres missives. Si le tiré est lié envers le tireur, c'est qu'il y a entre eux un engagement susceptible d'être formé par cette voie, et à l'appui de leur opinion ils citent un passage du *Contrat de change* de Pothier (2) qui, semblable aux arrêts qui traitent la question, n'invoque aucune raison.

Où les trouver, en effet? On cite Pothier, mais on oublie sans doute que ce jurisconsulte écrivait sous l'empire de l'ordonnance de 1673, qui n'est plus en vigueur.

Nos principes juridiques s'opposent à un pareil résultat, mais l'article 1121 du Code civil n'édicte-t-il pas une solution contraire; notre Code de commerce, en rendant l'aval fait par acte séparé obligatoire envers le porteur et le tireur, ne rend-t-il pas inadmissible une telle prétention qui, d'ailleurs, amènerait ce résultat bizarre : « que la promesse que je ferais du « fait d'un tiers relativement à une lettre de change « donnerait action contre moi au porteur; et que la « promesse que je ferais par une lettre missive de mon « propre fait ne serait d'aucun effet contre moi (3). »

(1) Limoges, 19 mai 1840, P. 40, 2, 760. — Caen, 5 mars 1849, P. 50, 153. — Nancy, 16 mars 1849, P. 50, 153.
(2) Pothier. *Cont. de change*, n° 121.
(3) Merlin. Rép., *Lettre de change* § 4, 7, 10.

Donc, sous quel jour que se présente la question, il faut, je crois, arriver à ce résultat que l'acceptation d'une lettre de change peut être faite par acte séparé et par lettres missives.

Les termes de l'article 189, comme ceux de l'article 122, ont aussi soulevé une difficulté. D'après nos textes législatifs, les lettres de change se prescrivent par cinq ans à compter du jour du protêt ou de la dernière poursuite judiciaire, ou bien encore du jour où l'on a reconnu la dette par acte séparé. Ce dernier point de départ connu, la reconnaissance d'une dette peut-elle être faite par lettres missives ?

Si la reconnaissance contenue dans la lettre constitue un titre nouveau, elle pourra en tenir lieu et interrompre la prescription quinquennale en faveur de son auteur. La lecture des arrêts traitant ce point de droit présente des contradictions, mais dues seulement à la condition imposée pour pouvoir admettre l'affirmative sur ce point. Les juges étant souverains pour juger le fait et la valeur de la lettre, il a dû se produire des divergences (1), mais au fond la jurisprudence est d'accord et, comme en matière civile, la lettre missive pourra interrompre le cours de la prescription (2).

(1) Aix, 5 juin 1852, P. 54, 1, 267. — Cass., 5 avril 1853, P. 53, 2, 556. — Paris, 29 janvier 1859, P. 59, 255.
(2) Colmar, 29 avril 1839, P. 39, 2, 581. — Troplong. *Prescript.*, II, nº 614.

(C). — DROIT CRIMINEL

Dans la deuxième partie de ce travail, j'ai parlé des pouvoirs conférés aux juges d'instruction et aux procureurs sur les lettres adressées aux inculpés. Je dois maintenant établir leur valeur comme preuve en matière criminelle et rechercher les crimes, délits ou contraventions qui peuvent être contenus dans ces écrits.

CHAPITRE PREMIER

De la preuve que l'on peut retirer des lettres missives.

L'article 342 du Code d'instruction criminelle, ainsi conçu : « La loi ne prescrit point de règles desquelles les jurés doivent faire particulièrement dépendre la plénitude et la suffisance d'une preuve », suffit pour écarter toute contestation, si on doutait de la valeur des lettres missives comme preuve au criminel.

Elles appartiennent à cette catégorie de preuves connues sous le nom générique de preuve littérale, qui comprend d'une part les procès-verbaux et rapports, liant dans certains cas les juges en matière correction-

nelle et de simple police ; et d'autre part tous les écrits
dont le tribunal apprécie la valeur et peut, selon son
gré, rejeter ou approuver.

Comme en droit civil, la valeur et la production
des lettres missives en justice sont subordonnées à
l'appréciation du juge.

Par souvenir des principes reconnus en droit civil,
on a aussi soutenu que le juge criminel devait faire une
distinction entre les lettres confidentielles et non confidentielles, admettre comme preuves ces dernières et
rejeter les premières à cause du respect dû au principe
de l'inviolabilité du secret des lettres.

Je reconnais le bien fondé de cette thèse soutenue
par la Cour de cassation (1) dans des arrêts déjà bien
anciens. Le principe de l'inviolabilité du secret des lettres
doit, en effet, dominer lorsqu'il n'est pas en opposition avec des intérêts plus grands que celui qu'il sanctionne, mais au criminel ne doit-il pas fléchir devant
les besoins de la justice ? n'y a-t-il pas dans ce cas un
intérêt général et public, devant lequel rien ne saurait
s'opposer ?

Toutes ces raisons ont une grande portée, aussi pour
donner satisfaction à tous ces intérêts en conflit ; pour
respecter le principe de l'inviolabilité du secret des
lettres et le mettre en harmonie avec les nécessités de la
justice, a-t-on imaginé un système spécial qui établit la
distinction entre les lettres confidentielles et non con-

_____

(1) Cass., 11 juillet 1792, P. 1, p. 16. — Cass , 6 déc. 1816, P. XIII, 714.

fidentielles, reconnaît à chacune d'elles leur valeur spéciale et permet de les distinguer *à priori*. En Droit criminel, donc, nous pouvons donner un *criterium*, que nous avions en vain cherché au civil.

Sa découverte est due à M. Faustin Hélie (1). Pour ce savant auteur, ce n'est pas la lettre elle-même et son contenu qui lui donne son caractère, mais bien les moyens employés précédemment par la justice pour les mettre en sa possession.

Toute lettre ouverte par la justice et mise sous sa main par des voies légales, doit faire partie de la procédure et servir à éclairer la religion du juge ; elle perd tout caractère et devient dans ce cas un simple écrit. Au contraire, on présume confidentielles celles qui ne sont pas jointes au dossier, contre lesquelles on pourra opposer une exception utile, basée sur le secret dû à la correspondance.

Au criminel, ce n'est donc pas le contenu de la lettre qui fixe son caractère, mais bien les actes antérieurs à la clôture de l'instruction.

Ainsi, toute lettre présumée confidentielle en vertu de ces règles, ne pourra servir de preuve en justice ; celles qui revêtent un caractère contraire pourront être produites, admises ou rejetées selon l'appréciation souveraine des juges à cet égard. Sur ce dernier point, je ne connais qu'une exception, celle de l'article 558 du Code pénal. La lettre, dans ce cas, lie les juges, qui

____

(1) Faustin Hélie. *Inst. crim.*, IV, 512.

sont tenus de statuer sur ces pièces. La jurisprudence (1), d'accord avec le texte de cet article, s'est toujours prononcée en ce sens.

Je viens de considérer la lettre comme preuve des faits poursuivis, son rôle peut être double : non-seulement elle sert de preuve au criminel, mais encore elle peut devenir l'objet d'une poursuite, renfermer l'infraction. C'est sous cet aspect que je la considèrerai dans le chapitre suivant.

CHAPITRE II

Des cas dans lesquels une lettre missive peut constituer l'objet d'une infraction à la loi.

Ce chapitre contiendra surtout l'énumération des espèces jugées, aussi son seul intérêt sera-t-il de présenter dans une vue d'ensemble des décisions semées çà et là et dont la recherche devient souvent ennuyeuse et longue.

§ 1er. — Code pénal.

Le premier cas à citer, c'est celui de l'article 575,

(1) Cass., 8 juin 1855, P. 57, 312.

qui punit tout individu qui, par écrit, a porté une dé-
nonciation calomnieuse. Le plus souvent cette infraction sera commise par lettres (1) et tombera sous le
coup de la loi.

Ce même écrit pourra être aussi la cause et l'objet
du délit d'escroquerie. Ainsi, constituera le corps du délit la lettre du fils d'un commerçant, signant d'habitude la correspondance de son père, dans laquelle il
aura écrit et signé sans son consentement et en son
nom à l'effet de se procurer un crédit (2) ; celle d'un
individu qui, en vue de se procurer des ressources a
donné dans cet écrit un faux nom ou a pris de fausses
qualités (3). En 1858 (4), après un réquisitoire célèbre de Dupin, la Cour de cassation décidait aussi que
le fait d'un individu qui avait menacé, par des lettres
anonymes, certaines personnes de révéler une correspondance compromettante si elles n'allaient pas dépo-
ser à un endroit déterminé une somme d'argent, cons-
tituait le délit d'escroquerie. En résolvant une question
qui touche à mon sujet, elle tranchait aussi ce point
si controversé de savoir si la remise des valeurs était
un des éléments essentiels au délit d'escroquerie. La
négative triompha et ne fait plus de doute depuis cette
époque.

(1) Cass., 5 février 1830, P. 30. — Cass., 8 déc. 1837, P. 1, 021. — Cass.,
21 mai 1841, B. C. 1841.
(2) Cass., 26 mars 1813, P. 1813.
(3) Cass., 6 août 1807, B. C. 1807. — Cass., 25 septembre 1834, B. C. 34.
— Cass., 17 janvier 1835, B. C. 35.
(4) Cass., 20 mai 1858, P. 58, 1049. — Pendant l'impression dans ce sens.
— Cass., 11 novembre 1880, P. 81, 1008.

Entre le délit d'escroquerie et le crime de faux, il n'y a souvent qu'une nuance. Je viens de citer une espèce dans laquelle on a reconnu l'existence du délit d'escroquerie contre le fils d'un individu qui a signé en son nom ; il suffit de consulter la jurisprudence pour s'assurer que ce même fait peut constituer le crime de faux (1). Ainsi, dans l'hypothèse qui donna lieu à l'arrêt de 1813 dont il est fait mention ci-dessus, il n'y a pas contrefaçon d'écritures, ainsi que le veut l'article 147, mais seulement l'emploi de manœuvres frauduleuses pour faire accroire à une garantie inexistante. Pour le cas des arrêts de 1807, 1834 et 1835, s'il y a escroquerie et non faux, c'est parce que la lettre signée d'un faux nom ou contenant la désignation de fausses qualités, ne renferme ni obligations ni conventions. La différence entre les peines prononcées pour des faits d'une si grande ressemblance tient à ce que, dans le cas d'escroquerie, on aurait pu, grâce à une plus grande vigilance ou à moins de crédulité et de bonhomie, prévenir le préjudice qui a été porté, tandis que dans le cas où l'on se trouve en présence du crime de faux véritable, rien ne peut empêcher le dommage et l'homme le plus vigilant, le plus soucieux de ses affaires peut en souffrir (2).

Aussi la jurisprudence a-t-elle toujours sévi avec

---

(1) Cass., 3 juillet 1807, B. C. 1807. — Cass., 8 juillet 1808, B. C. 12. — Cass., 16 juillet 1813, B. C. 243. — Cass., 11 avril 1828, B. C. n° 69. — Cass., 11 juillet 1834, B. C. 1834. — 17 janvier 1835, B. C. 1835. — F. Hélie, Code pénal, II, n° 533.

(2) Cass., 27 septembre 1816, B. C. 1816, p. 103.

rigueur contre les faussaires et fait tourner contre eux
leurs moyens de défense. On voulut par exemple soutenir que l'article 147 n'était applicable qu'au cas où la
signature fausse était celle d'un être réel ; on rejeta
cette prétention, qui ne pouvait d'ailleurs reposer sur
aucune base solide.

Le faux contenu dans une lettre pourra, d'ailleurs,
revêtir un caractère différent, selon la qualité de l'auteur et du destinataire. Ainsi, si la lettre a été adressée
par un particulier à un autre, elle constituera le crime
de faux en écriture privée. Si, au contraire, elle porte
la signature de commerçants et si son contenu se
rattache à la profession de ceux dont elle porte la signature, elle constituera le faux en écriture de commerce (1).

Dans certains cas encore le fait matériel pourra ne
pas exister et la poursuite pour crime de faux être
valable : c'est ce qui a lieu, par exemple, si un interprète, chargé de traduire une lettre, la dénature en vue
de porter préjudice à une des parties. La fabrication
qui a lieu par paroles, l'intention coupable et le préjudice porté se trouvant réunis, le crime de faux en
écriture privée prend naissance et l'auteur de ce fait
tombe sous l'application de la loi pénale (2).

On devra aussi regarder comme corps du délit la
lettre contenant des menaces (3), même si les lettres

(1) Cass., 4 juin 1859, P. 60, 838.
(2) Cass., 20 avril 1867, P. 67, 984.
(3) Cass., 16 juillet 1875, B. C. 75, n° 231. — Toulouse, 5 avril 1873, P. 75,
1232.

étaient adressées à toute autre personne que celle contre qui elles étaient dirigées. Ce point ne faisant l'objet d'aucun doute, me permet d'arriver de suite à la discussion d'une espèce plus curieuse qui s'est présentée au mois de janvier 1881 devant la huitième chambre du tribunal de la Seine.

Le rédacteur d'un journal de Paris, l'*Evènement parisien*, comparaissait devant cette juridiction sous la double inculpation d'outrage aux bonnes mœurs et d'excitation d'un mineur à la débauche. Il y avait, en effet, dans les bureaux du journal, un jeune garçon de seize ans, chargé de dépouiller la correspondance et de recevoir les confidences des personnes qui, plus tard étaient visées dans le journal. Le ministère public ayant reconnu dans ces faits un acte coupable tombant sous l'application de l'article 334 du Code pénal, mit l'action publique en mouvement.

Le tribunal ne trouvant pas dans la cause un des éléments de tout délit : l'intention, rejeta les conclusions du ministère public. Le but du rédacteur, en prenant ce jeune homme, n'avait pas été de le corrompre, mais de réaliser pour le journal des bénéfices plus grands en économisant sur les frais de bureau.

Dans l'espèce, le tribunal de la Seine a bien jugé, mais en principe ne peut-on pas admettre que des lettres envoyées à une mineure dans le but de la corrompre constituent le délit prévu et puni par l'article 334 ? Je le crois. Dans l'article 334 le législateur n'a pas, en effet, déterminé limitativement les faits qui constituaient le délit, mais a laissé au juge tout pouvoir d'appréciation. La loi n'exige qu'une seule condition : l'habitude; or, cet élément n'existe-t-il pas lorsque l'inculpé a entretenu une correspondance suivie avec le mineur?

L'affirmative a été consacrée par la Cour de cassation. En 1854 (1) elle décidait que l'article 334 s'appliquait à tout acte ayant pour but d'aplanir aux mineurs la voie de la débauche et jugeait ainsi dans notre sens la question posée devant le tribunal de la Seine. Quel acte plus commode et plus usité pour corrompre des mineurs que l'emploi d'une correspondance suivie, dans laquelle on éveille leurs passions et leurs mauvais penchants! Aussi, si le fait particulier qui se présentait devant le tribunal de la Seine n'avait point influé sur la solution du jugement rendu, il n'est point douteux que, suivant la voie tracée par la Cour de cassation, il n'eût prononcé une sentence opposée et conforme au texte même de l'article 334.

En poursuivant la lecture du Code pénal, on doit encore s'arrêter au paragraphe 2 de l'article 338 qui prévoit le délit d'adultère, dont la preuve peut être tirée des lettres adressées à l'un des coupables : « Les « seules preuves qui pourront être admises contre le « prévenu de complicité seront, outre le flagrant délit, « celles résultant de lettres ou autres pièces écrites « par le prévenu. »

(1) Cass., 10 novembre 1854, B. C. 54, nº 54.

Ces dispositions sont communes à toutes les législations, qui ne varient, d'ailleurs, que par le *quantum* de la peine, dont la plus sévère serait, au dire d'un traducteur du Code pénal chinois, celle qu'ont édictée les législateurs du Céleste Empire. Dans ce pays, on ne punirait pas seulement l'adultère, mais même la tentative; par exemple, le fait d'avoir entretenu avec une personne mariée une correspondance criminelle. Cette infraction, inconnue chez nous, est punie de quatre-vingts coups de rotin. D'ailleurs, cette correspondance entretenue avec une femme mariée n'est pas la seule qui mérite répression, car toujours, au dire du même traducteur, si la personne avec laquelle on s'entretient par lettres n'est pas mariée, on reçoit dix coups de rotin de moins, c'est-à-dire soixante-dix (1).

Je ne sais si la traduction est fidèle, mais en cas d'affirmative elle montre que les Chinois ont toujours regardé la correspondance criminelle comme un des moyens les plus dangereux pour la corruption des mœurs, et nous donne un argument de plus pour réclamer la part la plus large dans l'interprétation de l'article 334 du Code pénal.

§ 2. — Lois spéciales.

L'abrogation des lois qu'on est convenu d'appeler

(1) Supplément littéraire du *Figaro,* 30 mai 1880.

lois de la presse me permettra de trancher plus facilement les questions relatives à la diffamation et aux injures contenues dans les lettres missives.

Une seule loi existe aujourd'hui, celle du 29 juillet 1881, qui a modifié, il est vrai, la pénalité et la compétence, mais a conservé, relativement à notre matière, les anciens principes, ce qui m'autorisera à demander aux documents de jurisprudence déjà existants la solution des questions qu'elle a laissée dans l'ombre et sur lesquelles de nombreuses décisions ont déjà intervenu.

Une lettre peut contenir une diffamation ou des injures. Dans quel cas ce fait est-il punissable; quels sont les éléments constitutifs de chacune de ses infractions et que doit contenir la lettre pour pouvoir former le corps du délit ?

Je m'occupe d'abord de la diffamation. L'article 29 de la nouvelle loi a donné une définition identique à celle de la loi de 1819 : c'est toute allégation ou imputation d'un fait qui porte atteinte à l'honneur ou à la considération de la personne ou du corps auquel le fait est imputé. De cette définition découle cette première conséquence que, pour l'existence du fait punissable, il faut l'existence d'un outrage.

Rapprochons maintenant cette disposition des articles 30, 31 et 25, et nous trouverons parmi les moyens à l'aide desquels l'outrage est punissable « *les écrits,* » expression qui, pour être complète, suivant le sens de la loi, doit être suivie de l'épithète

« publics. » Il faut donc encore ce deuxième élément pour constituer la diffamation : la publicité.

Mais ce n'est pas tout ; un écrit qui contiendrait un outrage et auquel on aurait donné la publicité consti-, tuerait, aux termes du § 2 de l'article 29, aussi bien une injure publique qu'une diffamation ; dès lors le législateur a dû, pour les distinguer, faire connaître la différence qui les séparait, mission d'ailleurs accomplie dans ce même § 2. Pour qu'il y ait diffamation, l'écrit doit contenir un troisième élément : l'imputation d'un fait ou d'un vice déterminé.

Les première et troisième conditions se rencontreront souvent dans une lettre, mais la deuxième, la publicité, fera quelquefois défaut ; peut-on dès lors dire qu'il y ait diffamation ? Non, la publicité devra exister, question qui sera laissée à l'appréciation du juge. On peut avoir montré une lettre diffamatoire et n'avoir pas donné toute publicité voulue ; on peut, sans la montrer, s'être servi de moyens qui ont permis d'en donner connaissance et être passible des peines édictées en matière de diffamation.

Cette question de fait a été résolue dans plusieurs circonstances, sous l'empire de l'ancienne législation, et les solutions données pourront servir d'appui aux débats à intervenir, les principes étant restés les mêmes.

En 1842 (1), on jugea que la distribution des copies

(1) Cass., 10 décembre 1842, B. C. 42.

d'une lettre diffamatoire contenait les éléments de
publicité suffisants pour constituer le délit; plus tard,
que le fait de la lire en public (1), de la publier (2)
dans un journal, de l'adresser à plusieurs personnes
étaient suffisants pour la validité de la poursuite. Ces
mêmes espèces devront, de nos jours, sous l'empire
de la nouvelle loi, recevoir une solution identique;
seules les juridictions et les peines devront changer.

Je ne puis quitter l'article 29 sans parler de l'injure
publique. Le législateur a placé les deux infractions
dans le même article, et avec raison. Elles ne diffèrent
en effet que par un seul point. La diffamation devra
contenir trois éléments; l'injure publique n'en réclame
que deux : l'outrage et la publicité. Si donc la diffamation
peut être renfermée dans les lettres missives, à plus
forte raison l'injure publique (3). C'est en effet, ici, le
cas d'appliquer la maxime : « Qui peut le plus peut le
moins. »

D'ailleurs, il faut dire que la tendance de la jurisprudence est toujours de se prononcer, en ces matières, dans le sens qui peut motiver la peine la plus
forte. Je ne veux, pour exemple, qu'une espèce qui
se présenta en 1859 (4) devant la Cour de cassation :
un jeune homme avait montré une lettre que lui avait
écrit une jeune fille; on poursuivit en diffamation le

(1) Cass., 21 mai 1853, B. C. 53. — Cass., 23 février 1854, B. C. 54.
(2) Cass., 15 décembre 1859, B. C. 59.
(3) Cass., 20 juillet 1858, B. C. 58.
(4) Cass., 15 décembre 1850, B. C. 59.

dit individu, qui prétendit que sa conduite pouvait constituer le délit d'injures, mais non celui de diffamation. En droit strict, il était dans le vrai ; mais la Cour suprême (1), voyant dans ces faits un acte méchant et coupable, fut plus sévère et, considérant que la divulgation de cet écrit portait atteinte à l'honneur et à la considération de la personne de la jeune fille, elle décida que le délit de diffamation était parfaitement caractérisé et que la Cour avait fait une juste application de la peine.

Si la lettre injurieuse ne revêt pas le caractère de publicité, on a encore un recours, celui du § 3 de l'article 33 : « Si l'injure n'est pas publique, elle ne sera punie que de la peine prévue par l'article 471 du Code pénal. » Cet article de la nouvelle loi ne reproduit pas le texte de celle de 1819. L'article 20, qui prévoyait ce cas, rendait l'injure passible des peines de simple police dans deux cas : si elle ne contenait pas l'imputation d'un vice déterminé et si elle n'était pas publique ; dans la nouvelle législation, on a supprimé la distinction première entre l'injure simple et celle qui renferme l'imputation d'un vice déterminé, pour ne s'occuper que d'une seule chose : la publicité.

En cette matière, la complicité peut aussi être une cause de poursuite. Le complice, comme l'auteur, mérite une répression. *A priori,* il est vrai, on n'aper-

(1) Cass., 23 novembre 1843, P. 44, 1, 588. — Cass., 29 avril 1846, P. 46, 718. — Cass., 30 avril 1851, P. 52, 2, 282.

çoit pas comment cette complicité peut exister, mais l'espèce d'un arrêt de 1854 (1) suffira pour faire saisir ce point.

Un individu avait lu publiquement une lettre anonyme contenant des injures. Poursuivi avec l'auteur comme complice du délit d'injures publiques, il fut condamné pour avoir aidé et assisté l'auteur dans le fait qui a permis la consommation du délit. Toute autre solution aurait rendu l'impunité trop facile et n'aurait pas été conforme à l'esprit général de notre législation pénale. Aussi devons-nous classer cette décision parmi celles qui font honneur à la juridiction qui l'a rendue.

APPENDICE

Des cartes postales. — Je ne dois pas quitter ce sujet sans parler d'un mode de correspondance spécial, créé par la loi du 20 décembre 1872 (2), et qui est l'arme la plus vulgairement employée par les diffamateurs : la carte postale. Les injures contenues dans ces écrits constituent-elles le délit de diffamation, d'injures publiques ou bien la simple contravention d'injures simples ? *A priori*, il est facile de répondre que la carte postale publique, par sa nature, entraîne une poursuite en diffamation ou en injures publiques.

(1) Cass., 23 février 1854, P. 55, 180.
(2) Article 22.

Pourtant, la vérité n'est pas là. La question s'est présentée devant les tribunaux, qui ont cru, pour la résoudre, devoir rechercher le véritable caractère de la carte postale ; voici comment le débat était engagé : la carte postale est-elle par sa nature une « affiche ambulante » ou bien une missive d'un caractère spécial, connue seulement de l'expéditeur ou du destinataire, le secret professionnel dû par les agents de la poste apportant une garantie à toute indiscrétion provenant de ces fonctionnaires ?

La Cour de cassation s'est prononcée dans ce dernier sens en 1874 (1), et sa sentence a été adoptée depuis cette époque par les Cours d'appel (2) et les tribunaux (3). Aussi, la conséquence de ce point de départ essentiel pour la résolution de notre question, c'est que l'injure contenue dans une carte postale est seulement passible des peines de simple police, le défaut de publicité de cet écrit mettant à couvert son auteur.

Mais si, par un moyen détourné, on a cherché à donner de la publicité à la carte postale, le droit rigoureux reparaît aussitôt. Ainsi, il y a délit et non plus contravention si, au lieu d'adresser la carte postale au destinataire ou à son domicile, on la lui envoie dans un établissement public (4) à une per-

---

(1) Cass., 21 novembre 1874, P. 75, 1, 180.
(2) Dijon, 7 mars 1877, P. 77, 1005.
(3) Seine, 16 juillet 1880. *Gaz. des Trib.*, 20 août 1880.
(4) Rouen, 24 juillet 1873. — Seine, 2 juillet 1873, P. 73, 890.

sonne non assujettie au secret professionnel et qui peut lire, sans commettre aucun méfait, le contenu de cet écrit : c'est une juste application des principes.

Que décider si la carte postale a été adressée au domicile du destinataire, et si la divulgation du contenu a été faite par le concierge de la maison? Je suppose que celui-ci reçoive une carte postale contenant des faits diffamatoires à l'égard d'un des locataires de la maison et que, par esprit de vengeance ou de malice, il en donne connaissance ; y aurait-il dans ce cas publicité ? Oui, l'auteur de la carte injurieuse a pu ne pas désirer ce résultat, mais il y a, à mon avis, présomption contraire. En écrivant les injures sur une carte postale, il savait qu'elle pourrait tomber entre les mains de personnes indiscrètes, de domestiques, et s'il s'était sans doute servi de ce mode de communication, c'était dans ce but.

S'il avait désiré que la connaissance des injures adressées restassent entre le destinataire et lui, il y a à présumer qu'il n'aurait pas usé de ce mode, et c'est cette présomption, qu'il appartiendra à l'auteur de détruire, qui me fait penser qu'il doit être poursuivi pour injures publiques. Il y a, en effet, analogie entre l'espèce citée il y a un instant et celle où l'auteur d'une lettre anonyme a chargé un tiers de lui donner la publicité.

Comme ce tiers, d'ailleurs, le concierge pourra être poursuivi comme complice et puni des mêmes peines que l'auteur. Cette solution rencontrera, j'en suis cer-

tain, non-seulement l'adhésion des jurisconsultes,
mais aussi celle de tous les martyrs de ces terribles
cerbères.

POSITIONS

———

DROIT ROMAIN

I. — Le pacte adjoint *in continenti ad augendam obligationem* à une stipulation ne fait pas partie du contrat et ne peut produire action.

II. — A Rome l'*infantia* cessait à sept ans.

III. — La *gens* est une agrégation de familles unies les unes aux autres par des rapports municipaux et religieux.

IV. — Le *constitut* fait par un débiteur commun à l'un des créanciers équivaut au paiement de la dette et anéantit le droit des autres créanciers.

DROIT FRANÇAIS

I. — L'article 308 du Code civil n'exige pas, pour son application, le dépôt d'une plainte préalable.

II. — L'interposition de personnes dans une disposition testamentaire constituant une fraude à la loi
peut être établie par témoignages et à l'aide de
présomptions.

III. — L'article 1184 est applicable aux contrats unilatéraux.

IV. — L'article 1569 établit une présomption légale.

PROCÉDURE CIVILE

I. — Pour faire courir le délai d'appel contre un jugement par défaut, faute de plaider, il faut que ce
jugement soit signifié à personne ou à domicile.

II. — La surenchère n'est pas admissible après une
adjudication sur folle-enchère.

III. — La femme dont les biens dotaux ont été compris
dans une saisie immobilière dirigée contre elle
et son mari, n'est plus recevable à revendiquer
son immeuble après l'adjudication.

IV. — L'appel d'un jugement rendu sur une contestation en matière d'ordre doit, à peine de nullité,
être signifié au domicile de l'avoué.

DROIT COMMERCIAL

I. — Les dispositions de l'article 64 de la loi de 1867
sur les sociétés sont d'ordre public.

II. — La prescription du délit prévu par l'article 64 de la loi de 1867 court du jour de la dissolution de la société.

III. — On peut accepter valablement une lettre de change par acte séparé.

IV. — L'achat d'actions d'une société pour les revendre constitue un acte de commerce.

DROIT CRIMINEL

I. — Le juge d'instruction ne doit pas décerner un deuxième mandat de dépôt, lorsque le ministère public, agissant en matière de flagrant délit, en a déjà décerné un premier.

II. — L'excuse tirée de la provocation peut être admise comme exception utile à une demande en injure simple.

III. — Il y a contravention et non délit dans l'infraction prévue par l'article 17 § 1 de la loi de 1881 sur la presse.

IV. — Dans la citation lancée en vertu de cette même loi, il suffit de citer le texte de l'article.

ECONOMIE POLITIQUE

I. — L'impôt sur le revenu, juste en lui-même, est

applicable en pratique, mais dans certains cas seulement.

II. — Le libre échange est conforme aux vrais principes juridiques.

III. — Le droit de propriété se légitime tout à la fois par sa nécessité et par ses origines, qui sont la possession et le travail.

DROIT DES GENS

I. — Le crime commis sur un vaisseau de guerre, même dans le port d'une nation étrangère, est soumis à la loi de la nation dont le vaisseau porte pavillon.

II. — Les tribunaux français, appelés à déclarer exécutoire une décision émanée d'une juridiction étrangère, n'ont pas à réviser le fond du procès.

III. — Le droit d'intervention n'est pas légitime.

ANCIEN DROIT

I. — Les textes où se trouvent des gloses malbergiques sont antérieurs à ceux qui ne sont pas glosés.

II. — La réintégrande n'est pas une vraie action possessoire.

III. — L'institution contractuelle est d'origine germanique.

DROIT ADMINISTRATIF

I. — Le pouvoir judiciaire est un pouvoir distinct et indépendant du pouvoir exécutif.

II. — La loi du 23 mars 1855 n'a pas abrogé l'article 17 de la loi du 3 mai 1841.

III. — Le principe de l'inaliénabilité des choses du domaine public doit être appliqué d'une façon restrictive.

Vu par le Président de la Thèse,

V. MOLINIER.

Vu par le Doyen de la Faculté,

Le 30 janvier 1882.

H. BONFILS

Vu et permis d'imprimer.

Le 4 février 1882.

Le Recteur :

C. PERROUD.

Cette thèse sera soutenue en séance publique, dans l'une des salles de la Faculté de Droit de Toulouse, le   1882.

TOULOUSE. — IMPRIMERIE FOURNIER, RUE DUTEMPS, 8.

TABLE DES MATIÈRES

DROIT FRANÇAIS

PREMIÈRE PARTIE

De l'inviolabilité du secret des lettres.

DEUXIÈME PARTIE

Des droits que font naître les lettres missives et dont peuvent bénéficier les diverses personnes juridiques.

TROISIÈME PARTIE

Utilité des lettres au civil, au commerce et au criminel.

A. — DROIT CIVIL

B. — DROIT COMMERCIAL

C. — DROIT CRIMINEL